Bernhard Stentenbach

AF206841

Grundwortschatz
Französisch

Die 2.000 wichtigsten Wörter

Copyright © 2018 Bernhard Stentenbach
Herstellung und Verlag: BoD - Books on Demand, Norderstedt
Made in Germany
ISBN 978-3746062648

Über das Buch

Der vorliegende Grundwortschatz Französisch ist auf Ihre praktischen Bedürfnisse zugeschnitten. Er enthält die 2.000 wichtigsten Wörter, die man im Alltagsleben immer wieder benutzt. Außerdem bietet er vielfältige Ausdrücke und Sätze für die Verwendung dieser Wörter in der alltäglichen Kommunikation. Dieser Wortschatz eignet sich sowohl für Anfänger als auch zum Auffrischen Ihrer bereits früher erworbenen Französischkenntnisse.

Abkürzungen

adj.	*adjectif*
adv.	*adverbe*
cond.	*conditionnel*
etw.	*etwas*
f.	*féminin*
f. m.	*féminin pluriel*
impf.	*imparfait*
jdm	*jemandem*
jdn	*jemanden*
m.	*masculin*
m. pl.	*masculin pluriel*
pl.	*pluriel*
qc	*quelque chose*
qn	*quelqu'un*
subj.	*subjonctif*

Inhalt

1 Kontaktaufnahme

1.1 Begrüßung und Verabschiedung

Begrüßung

Bonjour. *(Guten Morgen./ Guten Tag.)*
   Bonjour, monsieur/ madame. *(Guten Morgen./ Guten Tag.)*
Bonsoir. *(Guten Abend.)*
Comment allez-vous? *(Wie geht es Ihnen?)*
Je vais bien, merci. *(Mir geht's gut, danke.)*

Salut! *(Hallo!)*
Ça_va? *(Wie geht's?)*
Comment ça va? *(Wie geht's?)*
Oui, très bien, merci. *(Sehr gut, danke.)*
Oh, ça va. *(Es geht so.)*

Sich vorstellen

Je suis … *(Ich bin …)*
Mon nom est … *(Mein Name ist …)*
Quel est votre nom, s'il vous plaît? *(Wie ist bitte Ihr Name?)*
s'appeler *(heißen)*
   Comment tu t'appelles? *(Wie heißt du?)*
   Je m'appelle … *(Ich heiße …)*
Vous êtes M./ Mme Bonnet? *(Sind Sie Herr/ Frau Bonnet?)*

Enchanté! *(Sehr erfreut!/ Angenehm!)*
Enchanté de faire votre connaissance. *(Ich freue mich, Sie kennen zu lernen.)*

présenter *(vorstellen)*
  Puis-je vous présenter ma femme? *(Darf ich Ihnen meine Frau vorstellen?)*

C'est ma fille. *(Das ist meine Tochter.)*

Voilà mon fils. *(Das da ist mein Sohn.)*

Verabschiedung

Au revoir! *(Auf Wiedersehen!)*

Salut! *(Tschüss!)*

Bonne journée! *(Schönen Tag noch!)*

Merci, à vous aussi! *(Danke, gleichfalls!)*

_____

A demain! *(Bis morgen!)*

A ce soir! *(Bis heute Abend!)*

A plus tard! *(Bis später!)*

A tout à l'heure! *(Bis gleich!)*

A bientôt! *(Bis bald!)*

Bonne chance! *(Alles Gute!)*

1.2 Höflichkeitsformen

Bitten

Pourriez-vous …? *(Könnten Sie …?)*

Pouvez-vous …? / **Vous pouvez …?** *(Können Sie …?)*
  Pourriez-vous m'aider, s'il vous plaît? *(Könnten Sie mir bitte behilflich sein?)*

Est-ce que je pourrais …, s'il vous plaît? *(Könnte ich bitte …?)*

rendre un service *(einen Gefallen tun)*
  Vous pourriez me rendre un service? *(Könnten Sie mir einen Gefallen tun?)*

Danken

Merci. *(Danke.)*

Merci beaucoup. *(Vielen Dank.)*
   Merci beaucoup pour votre aide. *(Vielen Dank für Ihre Hilfe.)*

De rien. *(Gerne./ Bitte.)*

Pas de quoi. *(Keine Ursache./ Gern geschehen.)*

remercier *(danken)*
   Je vous remercie beaucoup pour votre réponse. *(Ich danke Ihnen sehr für Ihre Antwort.)*

Komplimente

C'est super! *(Das ist toll!)*

C'est génial! *(Das ist ja toll!)*

C'est fantastique! *(Das ist fantastisch!)*

C'est très bien. *(Das ist sehr gut.)*

Je trouve ça très bien. *(Ich finde das sehr gut.)*

C'est très joli ici. *(Es ist sehr nett/ hübsch hier.)*

Ça me plaît beaucoup. *(Das gefällt mir sehr gut.)*

C'est très chic. *(Das ist sehr chic.)*

Ça vous va très bien. *(Das steht Ihnen sehr gut.)*

Glückwünsche

Bon anniversaire! *(Herzlichen Glückwunsch zum Geburtstag!)*

Félicitations! *(Herzlichen Glückwunsch!)*
   Félicitations pour votre examen! *(Herzlichen Glückwunsch zu Ihrem Examen!)*

féliciter *(gratulieren)*
   Je vous félicite pour ... *(Ich gratuliere Ihnen zu ...)*

Bonne chance pour votre examen! *(Viel Glück bei Ihrer Prüfung!)*

Entschuldigung

Pardon! *(Entschuldigung!)*

Excusez-moi. *(Entschuldigung./ Entschuldigen Sie.)*

déranger *(stören)*
  Excusez-moi de vous déranger. *(Entschuldigen Sie die Störung.)*

être en retard *(zu spät kommen)*
  Excusez-moi d'être en retard. *(Entschuldigen Sie, dass ich zu spät komme.)*

---

ne … rien *(nichts)*

Ce n'est rien. *(Keine Ursache./ Das ist schon in Ordnung.)*

Ça ne fait rien. *(Das macht nichts.)*

ne … pas *(nicht)*

Ce n'est pas grave. *(Das ist nicht schlimm.)*

---

poser une question *(eine Frage stellen)*
  Excusez-moi, Madame. Je peux vous poser une question? *(Entschuldigen Sie. Darf ich Sie etwas fragen?)*

parler *(sprechen)*
  Excusez-moi, Monsieur. Est-ce que je peux vous parler pour une minute, s'il vous plait? *(Entschuldigung. Kann ich Sie mal kurz sprechen?)*

Bedauern

Je suis désolé(e). *(Es tut mir leid.)*
  Je suis très désolé(e). *(Es tut mir sehr leid.)*

malheureusement *(leider)*
  Malheureusement, je ne peux pas venir. *(Ich kann leider nicht kommen.)*

Ça ne fait rien. *(Das macht nichts.)*

regretter *(bedauern)*

Je regrette beaucoup. *(Ich bedaure das sehr.)*

Je regrette, mais je ne peux pas vous aider. *(Ich bedaure, aber ich kann Ihnen nicht helfen.)*

C'est dommage. *(Das ist schade.)*

C'est bien dommage. *(Das ist sehr schade.)*

2 Telefon-Kontakte

2.1 Telefon, Handy, Smartphone

appeler qn *(jdn anrufen)*
Je vais vous appeler demain. *(Ich rufe Sie morgen an.)*

téléphoner à qn *(mit jdm telefonieren)*
Je lui ai téléphoné hier. *(Ich habe mit ihm/ ihr gestern telefoniert.)*

rappeler qn *(jdn wieder anrufen, zurückrufen)*

———————————

le **téléphone** *(Telefon)*
C'est ta mère au téléphone. *(Deine Mutter ist am Telefon.)*

le **numéro de téléphone** *(Telefonnummer)*

le **portable** *(Handy)*
Tu peux m'appeler sur mon portable. *(Du kannst mich auf meinem Handy anrufen.)*

le **numéro de portable** *(Handynummer)*
Quel est votre numéro de portable? *(Was ist Ihre Handynummer?)*

le **smartphone** *(Smartphone)*
payer avec son smartphone *(mit seinem Smartphone bezahlen)*

un **SMS** *(SMS)*

envoyer un SMS *(eine SMS schicken)*

———————————

sonner *(klingeln)*
Le téléphone sonne. *(Das Telefon klingelt.)*

la **ligne** *(Leitung)*

occupé, occupée *(besetzt)*
La ligne est occupée. *(Die Leitung ist besetzt.)*

faire un numéro *(eine Nummer wählen)*
J'ai fait un faux numéro. *(Ich habe eine falsche Nummer gewählt.*

le **répondeur** *(Anrufbeantworter)*

le **message** *(Nachricht)*

  laisser un message sur le répondeur *(auf den Anrufbeantworter sprechen)*

2.2 Ein Telefongespräch führen (Ausdrücke)

Geschäftliches Telefonat

Allô? Bonjour. C'est M. Berger. *(Hallo? Guten Tag. Hier ist Herr Berger.)*

Bonjour. C'est bien Mme Bruno? *(Guten Tag. Spreche ich mit Frau Bruno?)*

- Oui, à l'appareil. *(Ja, am Apparat.)*

C'est l'entreprise PMS? *(Spreche ich mit der Firma PMS?)*

....

un **appareil** *(Gerät, Apparat)*

une **entreprise** *(Unternehmen, Firma)*

Est-ce que je pourrais parler à M. Richard, s'il vous plaît? *(Könnte ich bitte Herrn Richard sprechen?)*

- Ne quittez pas. Je vais voir s'il est là. *(Bitte, bleiben Sie am Apparat. Ich schaue mal nach, ob er da ist.)*

Est-ce que Mme Perrin est là? *(Ist Frau Perrin im Hause?)*

- Un instant, s'il vous plaît, je vous la passe. *(Moment, bitte, ich verbinde.)*

- Je suis désolé(e). Mme Perrin n'est pas là aujourd'hui. *(Es tut mir leid. Frau Perrin ist heute nicht im Hause.)*

Pourriez-vous me passer le service des clients? *(Könnten Sie mich mit dem Kundenservice verbinden?)*

....

parler à *(sprechen mit)*

quitter *(verlassen)*

voir *(sehen)*

si *(ob)*

là *(da)*

un **instant** *(Augenblick, Moment)*

Je vous passe M./Mme … *(Ich gebe Ihnen Herr/ Frau …)*

je suis désolé(e) *(es tut mir leid)*

aujourd'hui *(heute)*

le **service** *(Service)*

un **client** *(Kunde)*

_____

Je vous appelle pour votre annonce. *(Ich rufe an wegen Ihrer Anzeige.)*

J'aimerais savoir si vous avez déjà reçu ma lettre. *(Ich möchte nachfragen, ob Sie schon mein Schreiben erhalten haben.)*

……………

une **annonce** *(Anzeige)*

j'aimerais savoir *(ich möchte gern wissen)*

déjà *(schon)*

recevoir *(erhalten, bekommen)*

une **lettre** *(Brief)*

_____

Pourriez-vous me passer M. Bonnet, s'il vous plaît? *(Könnten Sie mich bitte mit Herrn Bonnet verbinden?)*

- Je suis désolé(e). M. Bonnet est absent ce matin. *(Tut mir leid. Herr Bonnet ist heute Vormittag nicht da.)*

Vous savez à quelle heure il sera de retour? *(Wissen Sie, wann er wieder zurück ist?)*

- Voulez-vous laisser un message? *(Kann ich etwas ausrichten?)*

Non, merci, ce n'est pas la peine. *(Nein, danke, das ist nicht nötig.)*

Je rappellerai demain. *(Ich rufe morgen noch einmal an.)*

....

ce matin *(heute Morgen)*

à quelle heure *(um wie viel Uhr)*

être de retour *(zurück sein)*

ce n'est pas la peine *(das ist nicht nötig)*

demain *(morgen)*

Est-ce qu'il pourrait me rappeler? Ce serait très gentil. *(Könnte er mich zurückrufen? Das wäre sehr nett.)*

Pourriez-vous lui donner un message? *(Könnten Sie ihm etwas ausrichten?)*

Il peut me joindre sur mon portable. *(Er kann mich auf meinem Handy erreichen.)*

Mon numéro de portable, c'est le ... *(Meine Handynummer ist ...)*

....

c'est très gentil *(das ist sehr nett)*

joindre *(erreichen)*

Merci beaucoup de votre appel. *(Vielen Dank für Ihren Anruf.)*

Excusez-moi, je ne comprends pas. La ligne est mauvaise. *(Entschuldigen Sie, ich kann Sie nicht verstehen. Die Verbindung ist schlecht.)*

Oh, excusez-moi. Je me suis trompé(e) de numéro. *(Oh, Entschuldigung! Ich habe mich verwählt.)*

....

un **appel** *(Anruf)*

comprendre *(verstehen)*

mauvais, mauvaise *(schlecht)*

se tromper *(sich irren)*

Privates Telefonat

Allô? Ici Sabine. *(Hallo? Hier ist Sabine.)*

C'est bien que tu m'appelles. *(Schön, dass du anrufst.)*

Est-ce que je te dérange? *(Störe ich?)*

Je voudrais bien parler à Lucas. *Ich möchte gerne Lucas sprechen.)*

Un instant, je vais l'appeler. *(Moment, ich rufe ihn.)*

Je peux te rappeler ce soir, si tu veux. *(Ich kann heute Abend noch mal bei dir anrufen, wenn du willst.)*

Alors, on va finir maintenant. *(Nun, dann wollen wir mal Schluss machen.)*

Bonne chance! Donne-moi de tes nouvelles. *(Mach's gut! Lass mal wieder etwas von dir hören.)*

Je t'appellerai bientôt. *(Ich rufe dich bald wieder an.)*

....

ici *(hier)*

appeler qn *(jdn rufen)*

ce soir *(heute Abend)*

si tu veux *(wenn du willst)*

finir *(aufhören)*

maintenant *(jetzt)*

Bonne chance! *(Viel Glück!)*

une **nouvelle** *(Nachricht)*

bientôt *(bald)*

3 E-Mail-/ Brief-Kontakte

3.1 E-Mail und Brief

un **e-mail** *(E-Mail)*

envoyer *(schicken)*
envoyer un e-mail *(eine E-Mail schicken)*
Vous pouvez m'envoyer cela par e-mail. *(Sie können mir das als E-Mail schicken.)*

recevoir *(bekommen, erhalten)*
J'ai reçu un e-mail. *(Ich habe eine E-Mail bekommen.)*

une **adresse e-mail** *(E-Mail-Adresse)*
Mon adresse e-mail est … *(Meine E-Mail-Adresse ist …)*

_____

la **lettre** *(Brief)*
J'ai reçu une lettre de mon ex. *(Ich habe einen Brief von meinem Ex-Mann bekommen.)*

écrire *(schreiben)*
Il m'a écrit une lettre. *(Er hat mir einen Brief geschrieben.)*

lire *(lesen)*
Tu as déjà lu la lettre? *(Hast du schon den Brief gelesen?)*

répondre à qc *(etw. beantworten)*
Je n'ai pas encore répondu à sa lettre. *(Ich habe seinen/ ihren Brief noch nicht beantwortet.)*

la **réponse** *(Antwort)*
Je n'ai pas encore reçu de réponse à ma lettre. *(Ich habe noch keine Antwort auf meinen Brief bekommen.)*

une **enveloppe** *(Umschlag)*
Je ne peux pas lire l'adresse sur l'enveloppe. *(Ich kann die Adresse auf dem Umschlag nicht lesen.)*

le **code postal** *(Postleitzahl)*
Tu sais le code postal de Lyon? *(Kennst du die Postleitzahl von Lyon?)*

la **carte postale** *(Postkarte)*
J'ai reçu une carte postale de mon fils de Thaïlande. *(Ich habe eine Postkarte von meinem Sohn aus Thailand bekommen.)*

le **timbre** *(Briefmarke)*
Il faut mettre combien de timbres sur cette lettre? *(Wie viel Briefmarken muss ich auf diesen Brief kleben?)*

la **boîte aux lettres** *(Briefkasten)*
Ma boîte aux lettres est pleine de publicités. *(Mein Briefkasten ist voll von Werbung.)*

le **paquet** *(Paket)*

_____

le **fax** *(Fax)*
envoyer un fax *(ein Fax schicken)*

faxer *(faxen)*
Vous pouvez me faxer une copie de … *(Sie können mir eine Kopie von … zufaxen.)*

3.2 E-Mails/ Briefe schreiben (Ausdrücke)

Formelle E-Mails/ Briefe

Anrede

Madame, *(Sehr geehrte Frau …)*

Monsieur, *(Sehr geehrter Herr …)*

Madame, Monsieur,

Mesdames, Messieurs,

Briefanfang

Je vous remercie beaucoup pour votre lettre du 20 octobre que je viens de recevoir. *(Ich danke Ihnen vielmals für Ihr Schreiben vom 20. Oktober, das ich soeben erhalten habe.)*

J'ai bien reçu votre lettre du 11 mai. *(Ihren Brief vom 11. Mai habe ich erhalten.)*

....

remercier *(danken)*

Bitte

Je vous serais très reconnaissant(e) de bien vouloir m'envoyer votre catalogue. *(Ich wäre Ihnen sehr dankbar, wenn Sie mir Ihren Katalog zuschicken würden.)*

Je suis intéressé(e) par ... *(Ich interessiere mich für ...)*

Pourriez-vous m'indiquer où je pourrais trouver ...? *(Könnten Sie mir angeben, wo ich ... finden könnte?)*

....

reconnaissant, reconnaissante *(dankbar)*

un **catalogue** *(Katalog)*

être intéressé(e) *(interessiert sein)*

indiquer *(angeben, nennen)*

trouver *(finden)*

Briefschluss

Je vous remercie beaucoup pour votre aide. *(Ich danke Ihnen vielmals für Ihre Hilfe.)*

Je vous remercie d'avance. *(Ich danke Ihnen im Voraus.)*

Je vous prie de recevoir l'expression de mes salutations distinguées. *(Mit freundlichen Grüßen)*

Dans l'attente de votre réponse, je vous prie d'agréer, Madame/ Monsieur, l'expression de mes salutations distinguées. *(In Erwartung Ihrer Antwort verbleibe ich mit freundlichen Grüßen)*

....

l'**aide** *(f.)* *(Hilfe)*

prier *(bitten)*

Persönliche E-Mails/ Briefe

Anrede

Cher Yanis, *(Lieber Yanis,)*

Chère Lucie, *(Liebe Lucie,)*

Dank

Merci beaucoup pour ta gentille lettre. *(Vielen Dank für deinen lieben Brief.)*

Je te remercie beaucoup pour ton invitation. *(Ich danke dir vielmals für deine Einladung.)*

....

une **invitation** *(Einladung)*

Bitte

Pourrais-tu m'envoyer ..., s'il te plaît? *(Könntest du mir bitte ... schicken?)*

Je te serais très reconnaissant(e) de m'envoyer ... *(Ich wäre dir sehr dankbar, wenn du mir ... schicken würdest.)*

Freude

Ta lettre m'a fait très plaisir. *(Ich habe mich sehr über deinen Brief gefreut.)*

Je suis heureux/ heureuse que tu viennes passer quelques jours chez nous. *(Ich freue mich, dass du für ein paar Tage zu uns kommst.)*

Je serais heureux/ heureuse si tu venais chez moi. *(Ich würde mich freunen, wenn du zu mir kommen könntest.)*

....

faire plaisir à qn *(jdm eine Freude machen)*

venir *(kommen)*

passer *(verbringen)*

quelques *(einige)*

un **jour** *(Tag)*

chez qn *(bei jdm)*

Bedauern

Je suis désolé(e), mais je ne peux malheureusement pas venir chez toi. *(Es tut mir leid, aber ich kann leider nicht zu dir kommen.)*

C'est dommage que tu ne puisses pas venir me voir. *(Es ist schade, dass du mich nicht besuchen kannst.)*

Excuse-moi de ne pas avoir répondu à ta lettre plus tôt. *(Entschuldige, dass ich nicht eher auf deinen Brief geantwortet habe.)*

....

malheureusement *(leider)*

c'est dommage *(es ist schade)*

venir voir *(besuchen)*

plus tôt *(früher, eher)*

Wohlbefinden

Comment ça va? *(Wie geht es dir?)*

J'espère que tu vas bien. *(Ich hoffe, es geht dir gut.)*

Je suis vraiment désolé(e) d'apprendre que tu es tombé(e) malade. *(Es tut mir sehr leid, dass du krank geworden bist.)*

J'espère que tu seras bientôt rétabli(e). *(Ich hoffe, du bist bald wieder gesund.)*

....

espérer *(hoffen)*

vraiment *(wirklich)*

apprendre *(erfahren)*

tomber malade *(krank werden)*

être rétabli(e) *(wieder gesund sein)*

Briefschluss

Merci encore pour ton cadeau. *(Nochmals vielen Dank für dein Geschenk.)*

Pour finir, je te souhaite encore une fois bonne chance. *(Zum Schluss noch mal alles Gute!)*

A bientôt donc. *(Dann bis bald!)*

Ecris-moi vite. *(Lass bald was von dir hören.)*

Donne-moi bientôt de tes nouvelles. *(Lass bald was von dir hören.)*

Donne le bonjour à tes parents. *(Schönen Gruß an deine Eltern.)*

....

un **cadeau** *(Geschenk)*

souhaiter *(wünschen)*

encore une fois *(noch einmal)*

vite *(schnell)*

les **parents** *(m. pl.)* *(Eltern)*

_____

(Bei Freunden:)

Amicalement *(Mit herzlichem Gruß)*

Amitiés *(Herzliche Grüße)*

(Unter Freundinnen:)

Grosses bises *(Viele Küsse)*

Je t'embrasse *(Alles Liebe)*

(Bei Bekannten:)

Cordiales salutations *(Mit herzlichen Grüßen)*

Cordialement *(Herzliche Grüße)*

4 Sprachliche Kommunikation

4.1 Reden, informieren, erklären

Sprechen, reden

parler *(sprechen, reden)*
 parler de ses problèmes *(über seine Probleme sprechen)*
 Il m'a parlé de ses vacances. *(Er hat mir von seinen Ferien erzählt.)*

dire qc à qn *(jdm etw. sagen)*
 Qu'est-ce que ça veut dire? *(Was heißt das?)*
 Qu'est-ce que vous voulez dire par là? *(Was meinen Sie damit?)*
 Ça ne veut rien dire. *(Das heißt/ bedeutet gar nichts.)*

raconter *(erzählen)*
 raconter une histoire *(eine Geschichte erzählen)*

discuter de qc *(über etw. diskutieren/ sprechen)*
 discuter de ses problèmes avec ses parents *(über seine Probleme mit seinen Eltern diskutieren/ sprechen)*

la **discussion** *(Diskussion)*
 après une longue discussion *(nach einer langen Diskussion)*

la **conversation** *(Gespräch)*
 avoir une longue conversation avec qn *(ein langes Gespräch mit jdm haben)*

le **discours** *(Rede)*
 faire un discours *(eine Rede halten)*

le **dialogue** *(Dialog)*
 un dialogue entre le gouvernement et l'opposition *(ein Dialog zwischen Regierung und Opposition)*

Fragen, antworten

demander à qn *(jdn fragen)*
 Je vais demander à mon père. *(Ich frage mal meinen Vater.)*

demander pourquoi/ *quand*/ où/ comment/ si *(fragen, warum/ wann/ wo/ wie/ ob)*

la **question** *(Frage)*
poser une question *(eine Frage stellen)*
Je peux vous poser une question? *(Darf ich Sie etwas fragen?)*

répondre à *(antworten auf)*
Il n'a pas répondu à ma lettre. *(Er hat meinen Brief nicht beantwortet.)*

la **réponse** *(Antwort)*
Je n'ai pas eu de réponse à ma question. *(Ich habe keine Antwort auf meine Frage bekommen.)*

Informieren

informer de *(informieren über)*
Je vais vous informer de tout cela. *(Ich werde Sie über alles informieren.)*

une **information sur** *(eine Information über)*
Où est-ce que je peux trouver des informations sur cet ordinateur? *(Wo finde ich Informationen über diesen Computer?)*

renseigner sur *(Auskunft geben über)*
Pouvez-vous me renseigner sur les prix? *(Können Sie mir etwas über die Preise sagen?)*

le **renseignement** *(Auskunft)*
donner des renseignements sur la vie privée *(Auskunft über das Privatleben erteilen)*

Erklären

expliquer *(erklären)*
expliquer qc en tout détail *(etw. in allen Einzelheiten erklären)*
Je ne peux pas m'expliquer pourquoi ... *(Ich kann mir nicht erklären, warum ...)*

une **explication** *(Erklärung)*
Cette explication est trop simple. *(Diese Erklärung ist zu einfach.)*

indiquer *(zeigen, nennen)*

indiquer un bon restaurant *(ein gutes Restaurant nennen)*

Pouvez-vous m'indiquer comment cela fonctionne? *(Können Sie mir zeigen, wie das funktioniert?)*

déclarer *(erklären)*

Il a déclaré que ... *(Er erklärte, dass ...)*

---

affirmer *(behaupten)*

Elle a affirmé le contraire. *(Sie hat das Gegenteil behauptet.)*

constater *(feststellen)*

Il faut constater que rien n'a changé. *(Man muss feststellen, dass sich nichts geändert hat.)*

remarquer *(bemerken)*

Il a remarqué que ... *(Er bemerkte/ wies darauf hin, dass ...)*

Je n'ai rien remarqué. *(Ich habe nichts bemerkt.)*

répéter *(wiederholen)*

Pourriez-vous répéter la question? *(Könnten Sie die Frage wiederholen?)*

ajouter *(hinzufügen)*

Je dois ajouter que ... *(Ich muss hinzufügen, dass ...)*

présenter *(darlegen, darstellen)*

présenter les choses comme elles sont *(die Dinge so darstellen, wie sie sind)*

promettre *(versprechen)*

Je vous promets que je viendrai. *(Ich verspreche Ihnen, dass ich kommen werde.)*

Il m'a promis de financer mes études. *(Er hat mir versprochen, mein Studium zu finanzieren.)*

la **promesse** *(Versprechen, Zusage)*

Il faut tenir sa promesse. *(Man muss sein Versprechen halten.)*

4.2 Verständigungsschwierigkeiten

Pardon! Vous parlez français/ anglais/ allemand?
(Entschuldigung! Sprechen Sie Französisch/ Englisch/ Deutsch?)

le français *(Französisch)*

l'anglais *(m.)* *(Englisch)*

l'allemand *(m.)* *(Deutsch)*

Excusez-moi, mon français n'est pas très bon. *(Entschuldigen Sie, mein Französisch ist nicht sehr gut.)*

bon, bonne *(adj.)* *(gut)*

Je suis désolé(e), je ne parle pas bien français. *(Es tut mir leid. Ich spreche nicht gut Französisch.)*

bien *(adv.)* *(gut)*

_____

Pardon. Je ne comprends pas. *(Entschuldigung! Ich habe nicht verstanden.)*

comprendre *(verstehen)*

Pouvez-vous répéter, s'il vous plaît? *(Können Sie das bitte noch einmal wiederholen?)*

répéter *(wiederholen)*

Pourriez-vous parler un peu plus lentement, s'il vous plaît?
(Könnten Sie bitte etwas langsamer sprechen?)

un peu *(etwas, ein wenig)*

plus lentement *(langsamer)*

Pardon. Est-ce que vous pourriez parler un peu plus fort, s'il vous plaît? *(Entschuldigung, könnten Sie bitte etwas lauter sprechen?)*

un peu plus fort *(etwas lauter)*

_____

Qu'est-ce que c'est? *(Was ist das?/ Was heißt das?)*

Qu'est-ce que c'est en français? *(Was heißt das auf Französisch?)*

Vous pouvez épeler, s'il vous plaît? *(Können Sie das bitte buchstabieren?)*

épeler *(buchstabieren)*

4.3 Seine Meinung äußern

Meinung

croire *(glauben)*
Je crois que c'est vrai. *(Ich glaube, das stimmt.)*
Je ne crois pas que … *(+ subj.)* *(Ich glaube nicht, dass …)*
Je ne crois pas que ce soit vrai. *(Ich glaube nicht, dass das stimmt.)*

penser *(denken, glauben, meinen)*
Je pense qu'il y a une erreur. *(Ich glaube, da stimmt etwas nicht.)*
Je ne pense pas que … *(+ subj.)* *(Ich glaube nicht, dass …)*
Je ne pense pas que ce soit possible. *(Ich glaube nicht, dass das möglich ist.)*
Qu'est-ce que vous en pensez? *(Was meinen Sie dazu?)*

un **avis** *(Meinung, Ansicht)*
Je suis d'avis que … *(Ich bin der Meinung, dass …)*
A mon avis, … *(Meiner Meinung nach …)*
Je suis aussi de votre avis. *(Ich bin auch Ihrer Meinung.)*

une **opinion** *(Meinung, Ansicht)*
accepter l'opinion des autres *(die Meinung der anderen akzeptieren)*
C'est une affaire d'opinion. *(Das ist Ansichtssache.)*

Reaktionen

vrai, vraie *(wahr, richtig)*
C'est vrai. *(Das stimmt.)*
Ce n'est pas vrai. *(Das stimmt nicht.)*

correct, correcte *(richtig, korrekt)*
C'est politiquement correct. *(Das ist politisch korrekt.)*

exact, exacte *(richtig, korrekt)*
C'est exact. *(Das ist richtig./ Das stimmt.)*

faux, fausse *(falsch)*
C'est complètement faux. *(Das ist völlig falsch.)*

avoir raison *(Recht haben)*
Là, vous avez raison. *(Da haben Sie Recht.)*
Elle n'a pas raison de faire ça. *(Sie hat nicht Recht, wenn sie das macht.)*

être d'accord *(gleicher Meinung sein)*
Là, je suis d'accord. *(Da bin ich einer Meinung mit Ihnen.)*
Là, je ne suis pas d'accord avec vous. *(Da kann ich Ihnen nicht zustimmen.)*

4.4 Argumentieren

un **argument** *(Argument)*
Cela est un argument pour/ contre … *(Dies ist ein Argument für/ gegen …)*
Cet argument est complètement faux. *(Dieses Argument ist völlig falsch.)*

convaincre *(überzeugen)*
Ces arguments ne peuvent pas me convaincre. *(Diese Argumente können mich nicht überzeugen.)*

le **fait** *(Tatsache)*
Le fait est que … *(Tatsache ist, dass …)*

présenter *(darstellen)*
présenter les faits comme ils sont *(die Tatsachen so darstellen, wie sie sind)*

une **objection** *(Einwand, Gegenargument)*
présenter une objection *(ein Gegenargument vorbringen)*

une **idée** *(Idee, Ansicht)*
   Ses idées me semblent très radicales. *(Seine / Ihre Ansichten scheinen mir sehr vradikal zu sein.)*

accepter *(akzeptieren)*
   Je ne peux pas accepter ses idées. *(Ich kann seine/ ihre Ansichten nicht akzeptieren.)*

refuser *(ablehnen)*
   Je refuse ses idées. *(Ich lehne seine/ ihre Ansichten ab.)*

le **point** *(Punkt)*
   Sur ce point, il a raison. *(In diesem Punkt hat er Recht.)*

le **point de vue** *(Standpunkt)*
   au point de vue politique *(vom politischen Standpunkt aus)*

le **sujet** *(Thema)*
   à ce sujet *(zu diesem Thema)*
   une discussion au sujet de l'intégration *(eine Diskussion zum Thema Integration)*

un **exemple** *(Beispiel)*
   Je peux vous donner un exemple. *(Ich kann Ihnen ein Beispiel geben.)*
   par exemple *(zum Beispiel)*

_____

le **problème** *(Problem)*
   avoir des problèmes *(Probleme haben)*
   sans problème *(problemlos)*

la **solution** *(Lösung)*
   trouver une bonne solution *(eine gute Lösung finden)*

la **raison** *(Grund)*
   pour cette raison *(aus diesem Grund)*
   sans raison *(ohne Grund)*

la **conséquence** *(Folge)*
   penser aux conséquences *(an die Folgen denken)*

évident, évidente *(klar, offensichtlich)*
   C'est évident. *(Das ist ganz klar.)*

différent, différente *(verschieden, unterschiedlich)*
C'est différent. *(Das ist etwas anderes.)*

la **différence** *(Unterschied)*
Il y a une différence entre … *(Es besteht ein Unterschied zwischen …)*

Ça n'a rien à voir avec … *(Das hat nichts zu tun mit …)*

comparer *(vergleichen)*
On ne peut pas comparer ça avec … *(Man kann das nicht vergleichen mit …)*

le **contraire** *(Gegenteil, Gegensatz)*
au contraire de son père *(im Gegensatz zu seinem/ ihrem Vater)*

_____

la même chose *(dasselbe)*
C'est la même chose. *(Das ist dasselbe.)*
Ce n'est pas pas la même chose. *(Das ist nicht dasselbe.)*

autre chose *(etwas anderes)*
C'est autre chose. *(Das ist etwas anderes.)*

pareil, pareille *(gleich)*
Ce n'est pas pareil. *(Das ist nicht das Gleiche.)*

Cela veut dire que … *(Das heißt, dass …)*
Cela ne veut pas dire que … *(Das heißt nicht, dass …)*
Qu'est-ce que cela veut dire? *(Was heißt das?)*

signifier *(bedeuten)*
Cela signifie que … *(Das bedeutet, dass …)*
Qu'est-ce que ça signifie? *(Was bedeutet das?)*

Qu'est-ce que vous voulez dire par là? *(Was wollen Sie damit sagen?/ Wie meinen Sie das?)*

Qu'est-ce que vous entendez par »inclusion«? *(Was meinen Sie mit „Inklusion"?)*

4.5 Stellung nehmen, beurteilen

sûr, sûre *(sicher)*
  Je suis sûr(e) que … *(Ich bin sicher, dass …)*
  Je ne suis pas sûr(e) si … *(Ich bin nicht sicher, ob …)*

convaincu, convaincue *(überzeugt)*
  Je suis convaincu(e) que … *(Ich bin überzeugt, dass …)*

savoir *(wissen)*
  Je ne sais pas si … *(Ich weiß nicht, ob …)*

une **impression** *(Eindruck)*
  J'ai l'impression que … *(Ich habe den Eindruck, …)*

supposer *(vermuten)*
  Je suppose que … *(Ich vermute, …)*

sembler *(scheinen)*
  Il semble que … *(+ subj.) (Es scheint, dass …)*
  Il semble que ce soit la seule solution. *(Es scheint, dass dies die einzige Lösung ist.)*

douter *(bezweifeln)*
  Je doute que … *(+ subj.) (Ich bezweifle, dass …)*
  Je doute qu'il vienne. *(Ich bezweifle, dass er kommt.)*

———————————

bon, bonne *(gut)*
  Ce n'est pas bon pour la santé. *(Das ist nicht gut für die Gesundheit.)*

bien *(adv.) (gut)*
  C'est très bien. *(Das ist sehr gut.)*

mauvais, mauvaise *(schlecht)*
  La situation est très mauvaise. *(Die Lage ist sehr schlecht.)*

facile *(leicht, einfach)*
  Ce n'est pas facile à expliquer. *(Das ist nicht leicht zu erklären.)*

difficile *(schwer, schwierig)*
  C'est difficile à dire. *(Das ist schwer zu sagen.)*

important, importante *(wichtig)*
  C'est très important. *(Das ist sehr wichtig.)*

meilleur, meilleure *(besser)*
  une meilleure méthode *(eine bessere Methode)*
  la meilleure méthode *(die beste Methode)*

mieux *(adv.)* *(besser)*
  C'est mieux ainsi. *(Das ist besser so.)*

idéal, idéale *(ideal)*
  C'est idéal. *(Das ist ideal.)*

excellent, excellente *(ausgezeichnet)*

parfait, parfaite *(perfekt)*
  Personne n'est parfait. *(Niemand ist vollkommen.)*

———————————

pratique *(praktisch)*
  C'est très pratique. *(Das ist sehr praktisch.)*

possible *(möglich)*
  Il est possible que ... *(+ subj.)* *(Es ist möglich, dass ...)*
  Il est possible que ce soit vrai. *(Es kann gut sein, dass das stimmt.)*

impossible *(unmöglich)*
  Il est impossible que ... *(+ subj.)* *(Es ist unmöglich, dass ...)*
  Il est impossible qu'elle soit déjà là. *(Es ist unmöglich, dass sie schon da ist.)*

intéressant, intéressante *(interessant)*
  C'est très intéressant. *(Das ist sehr interessant.)*

formidable *(toll)*
  C'est formidable! *(Das ist toll!)*

fantastique *(fantastisch)*

incroyable *(unglaublich)*
  C'est incroyable. *(Das ist unglaublich.)*

———————————

agréable *(angenehm)*

terrible *(furchtbar)*

grave *(schlimm)*
  Ce n'est pas grave. *(Das ist nicht schlimm.)*

normal, normale *(normal)*
C'est bien normal. *(Das ist ganz normal.)*

bizarre *(komisch, seltsam)*
C'est bizarre comme idée. *(Das ist eine komische Idee.)*

réaliste *(realistisch)*
Ce n'est pas réaliste. *(Das ist nicht realistisch.)*

la **réalité** *(Realität)*
en réalité *(in Wirklichkeit)*

---

bête *(dumm)*

fou, **folle** *(verrückt)*
Il est devenu fou. *(Er ist verrückt geworden.)*

simple *(einfach, simpel)*
une méthode très simple *(eine sehr einfache Methode)*

compliqué, compliquée *(kompliziert)*
Ce n'est pas compliqué. *(Das ist nicht kompliziert.)*

nécessaire *(nötig)*
partout où c'est nécessaire *(überall, wo es nötig ist)*

utile *(nützlich)*
Cela peut vous être utile. *(Das können Sie gebrauchen.)*

inutile *(unnütz)*
C'est inutile de faire ça. *(Es hat keinen Zweck/ Es lohnt sich nicht, das zu machen.)*

Ça ne sert à rien de … *(Es hat keinen Zweck, …)*
Ça ne sert à rien de faire ça. *(Es hat keinen Zweck/ Es ist sinnlos, das zu machen.)*

---

un **jugement** *(Urteil)*

objectif, objective *(objektiv)*
Ce jugement n'est pas objectif. *(Dieses Urteil ist nicht objektiv.)*

un **préjugé** *(Vorurteil)*
avoir des préjugés contre les étrangers *(Vorurteile gegenüber Ausländern haben)*

juste *(gerecht)*
Il n'est pas juste envers ses enfants. *(Er ist nicht gerecht gegenüber seinen Kindern.)*

injuste *(ungerecht)*

positif, positive *(positiv)*
une réponse positive *(eine positive Antwort)*

négatif, négative *(negativ)*
une réponse négative *(eine negative Antwort)*

absurde *(absurd)*
C'est une idée absurde. *(Das ist eine absurde Idee.)*

4.6 Raten, müssen, sollen, dürfen

le **conseil** *(Rat)*
Pouvez-vous me donner un conseil? *(Können Sie mir einen Rat geben?)*

conseiller *(raten)*
Je vous conseille de ne rien dire. *(Ich rate Ihnen, nichts zu sagen.)*

à votre place *(+ cond.)* *(an Ihrer Stelle)*
A votre place, je ne ferais rien. *(An Ihrer Stelle würde ich nichts tun.)*
Moi, à ta place, j'appellerais ton frère. *(Ich an deiner Stelle würde deinen Bruder anrufen.)*

il vaut mieux que ... *(+ subj.)* *(es ist besser, ...)*
Il vaut mieux que vous y alliez. *(Es ist besser, Sie fahren dorthin.)*

---

la **proposition** *(Vorschlag)*
Pouvez-vous me faire une proposition? *(Können Sie mir einen Vorschlag machen?)*

proposer *(vorschlagen)*
Qu'est-ce que vous proposez? *(Was schlagen Sie vor?)*

---

il faut *(+ inf.) man muss*
  Il faut faire attention. *(Man muss aufpassen.)*

il faut que tu ...*(+ subj.) (du musst ...)*
il faut que vous ... *(+ subj.) (Sie müssen)*
il faudrait que tu ...*(+ subj.) (du solltest ...)*
il faudrait que vous ...*(+ subj.) (Sie sollten ...)*
  Il faut que tu viennes tout de suite. *(Du musst sofort kommen.)*
  Il faut que vous soyez là à 15 heures. *(Sie müssen um 15 Uhr da sein.)*
  Il faudrait que tu dises la vérité. *(Du solltest die Wahrheit sagen.)*

devoir *(müssen, sollen)*
  Tu dois te dépêcher. *(Du musst dich beeilen.)*
  Vous devez vous dépêcher. *(Sie müssen sich beeilen.)*

----

permettre *(erlauben)*
  On m'a permis de faire cela. *(Ich darf das nachen.)*
  Il n'est pas permis de fumer. *(Man darf hier nicht rauchen.)*

la **permission** *(Erlaubnis)*
  sans permission *(ohne Erlaubnis)*

pouvoir *(können, dürfen)*
  Est-ce que vous pouvez m'aider? *(Können Sie mir helfen?)*
  Est-ce que je peux vous aider? *(Darf ich Ihnen helfen?)*

interdire *(verbieten)*
  On lui a interdit de voir ses copains. *(Man hat ihm verboten, sich mit seinen Freunden zu treffen.)*
  Il est interdit de fumer. *(Rauchen verboten./ Sie dürfen hier nicht rauchen.)*

5 Persönlichkeit

5.1 Gefühle

le **sentiment** *(Gefühl)*
  montrer ses sentiments *(seine Gefühle zeigen)*

se sentir *(sich fühlen)*
  se sentir coupable *(sich schuldig fühlen)*

une **émotion** *(Emotion, Rührung)*
  Il ne montre pas d'émotions. *(Er zeigt keine Emotionen.)*

aimer *(lieben)*
  Elle aime ses enfants. *(Sie liebt ihre Kinder.)*

l'**amour** *(m.)* *(Liebe)*
  l'amour de la nature *(die Liebe zur Natur)*

détester *(hassen)*
  Il déteste son frère. *(Er hasst seinen Bruder.)*

la **haine** *(Hass)*
  sa haine pour la société *(sein/ ihr Hass auf die Gesellschaft)*

_____

heureux, heureuse *(glücklich)*

être heureux, heureuse *(sich freuen)*
  Je suis heureuse que vous soyez *(subj.)* venue. *(Ich freue mich, dass Sie gekommen sind.)*
  Nous serions heureux si vous veniez *(impf.)* chez nous pendant vos vacances. *(Wir würden uns freuen, wenn sie in Ihrem Urlaub zu uns kommen würden.)*

content, contente **(de)** *(zufrieden mit)*
  Elle est contente de sa vie. *(Sie ist mit ihrem Leben zufrieden.)*
  Il est content d'avoir trouvé un bon emploi. *(Er ist froh, dass er einen guten Arbeitsplatz gefunden hat.)*

le **bonheur** *(Glück)*
  Cela va vous porter bonheur. *(Dies wird Ihnen Glück bringen.)*

la **joie** *(Freude)*
  pleurer de joie *(vor Freude weinen)*

s'amuser *(sich amüsieren)*
  Amusez-vous bien! *(Viel Spaß!)*

étonné, étonnée *(erstaunt)*
  Je suis étonné que tu aies *(subj.)* fait cela. *(Ich bin erstaunt, dass du das gemacht hast.)*

surpris, surprise *(überrascht)*
  Je suis agréablement surpris. *(Ich bin angenehm überrascht.)*

————————————

plaire *(gefallen)*
  Ça me plaît beaucoup. *(Das gefällt mir sehr.)*
  Ça ne me plaît pas tellement. *(Das gefällt mir nicht besonders.)*

le **plaisir** *(Freude, Vergnügen)*
  Ça m'a fait très plaisir. *(Das hat mich sehr gefreut.)*

aimer *(mögen)*
  J'aime bien ça. *(Ich mag das sehr.)*
  Vous aimez le riz? *(Mögen Sie Reis?)*
  Il n'aime pas les chiens. *(Er mag keine Hunde.)*

aimer bien faire qc *(etw. gerne tun)*
  J'aime bien aller au cinéma. *(Ich gehe gern ins Kino.)*

aimer mieux *(lieber mögen, lieber tun)*
  J'aime mieux prendre le bus. *(Ich fahre lieber mit dem Bus.)*

préférer *(lieber mögen, lieber tun)*
  Je préfère y aller tout de suite. *(Ich fahre lieber sofort dahin.)*

————————————

s'intéresser à *(sich interessieren für)*
  Je m'intéresse beaucoup à la musique. *(Ich interessiere mich sehr für Musik.)*

intéresser *(interessieren)*
  Ça m'intéresse beaucoup. *(Das interessiert mich sehr.)*

intéressant, intéressante *(interessant)*
  C'est très intéressant. *(Das ist sehr interessant.)*

————————————

malheureux, malheureuse *(unglücklich)*
Mon mari me rend malheureuse. *(Mein Mann macht mich unglücklich.)*

le **malheur** *(Unglück)*
Il m'est arrivé un petit malheur. *(Es ist mir ein kleines Malheur passiert.)*

pleurer *(weinen)*
C'est triste à pleurer. *(Das ist zum Heulen.)*

triste *(traurig)*
C'est bien triste. *(Das ist sehr traurig.)*

désespéré, désespérée *(verzweifelt)*
Il est complètement désespéré. *(Er ist völlig verzweifelt.)*

———————————

déçu, déçue *(enttäuscht)*
Je suis très déçu de lui. *(Ich bin sehr enttäuscht von ihm.)*

choqué, choquée *(schockiert)*
Je suis vraiment choqué. *(Ich bin wirklich schockiert.)*

furieux, furieuse *(wütend)*
Elle est furieuse contre moi. *(Sie ist wütend auf mich.)*

crier *(schreien)*
Elle crie tout le temps. *(Sie schreit die ganze Zeit.)*

impossible *(unmöglich)*
C'est impossible ce qu'il a fait. *(Das ist unmöglich, was er gemacht hat.)*

incroyable *(unglaublich)*
C'est incroyable ce qu'elle a fait. *(Das ist unglaublich, was sie gemacht hat.)*

insupportable *(unerträglich)*
C'est vraiment insupportable! *(Das ist wirklich unerträglich!)*

terrible *(furchtbar)*
Je trouve ça terrible! *(Ich finde das furchtbar!)*

la **catastrophe** *(Katastrophe)*
C'est une catastrophe totale. *(Das ist eine totale Katastrophe.)*

catastrophique *(katastrophal)*

Ça, c'est catastrophique! *(Das ist katastrophal!)*

———————————

la peur *(Angst)*

J'ai peur de prendre l'avion. *(Ich habe Angst vor dem Fliegen.)*
Je n'ai pas peur. *(Ich habe keine Angst.)*
N'ayez pas peur! *(Sie brauchen keine Angst zu haben.)*

inquiet, inquiète *(beunruhigt)*

Je suis inquiet pour sa santé. *(Ich mache mir Sorgen um seine/ ihre Gesundheit.)*

s'inquiéter de *(sich Sorgen machen wegen)*

Je m'inquiète de la situation actuelle. *(Ich mache mir Sorgen wegen der aktuellen Lage.)*
Ne vous inquiétez pas! *(Machen Sie sich da keine Sorgen!)*

se faire du souci pour *(sich Sorgen machen um)*

Je me fais beaucoup de soucis pour ma fille. *(Ich mache mir große Sorgen um meine Tochter.)*

———————————

énerver *(nervös machen)*

Ça m'énerve. *(Das regt mich auf.)*
Ne vous énervez pas! *(Regen Sie sich nicht auf!)*

5.2 Charakter, Verhalten

le caractère *(Charakter)*

Il a un bon/ mauvais caractère. *(Er hat einen guten/ schlechten Charakter.)*

caractériser *(charakterisieren)*

caractéristique de *(charakteristisch für)*

C'est caractéristique de son comportement. *(Das ist charakteristisch für sein/ ihr Verhalten.)*

typique de *(typisch für)*

le **trait de caractère** *(Eigenschaft)*
un bon/ mauvais trait de caractère *(eine gute/ schlechte Eigenschaft)*

le **comportement** *(Verhalten)*
son comportement envers sa femme *(sein Verhalten gegenüber seiner Frau)*

se comporter *(sich verhalten)*
Elle s'est bien/ mal comportée. *(Sie hat sich richtig/ falsch verhalten.)*

une **attitude** *(Einstellung)*
son attitude envers les femmes *(seine Einstellung gegenüber den Frauen)*

---

bon, bonne *(gut)*

mauvais, mauvaise *(schlecht)*

positif, positive *(positiv)*

négatif, négative *(negativ)*

fort, forte *(stark)*

faible *(schwach)*

juste *(gerecht)*

injuste *(ungerecht)*

tolérant, tolérante *(tolerant)*

intolérant, intolérante *(intolerant)*

capable *(fähig)*

incapable *(unfähig)*

compétent, compétente *(kompetent)*

incompétent, incompétente *(inkompetent)*

humain, humaine *(menschlich)*

inhumain, inhumaine *(unmenschlich)*

optimiste *(optimistisch)*

pessimiste *(pessimistisch)*

---

gentil, gentille *(nett)*

sympathique *(sympathisch)*

fidèle *(treu)*

sensible à *(sensibel für)*

curieux, curieuse *(neugierig)*

calme *(ruhig)*

tranquille *(ruhig)*

raisonnable *(vernünftig)*

réaliste *(realistisch)*

responsable de *(verantwortlich für)*

indépendant, indépendante *(unabhängig)*

_____

stupide *(dumm)*

bête *(dumm)*

sévère avec *(streng zu)*

égoïste *(egoistisch)*

arrogant, arrogante *(arrogant)*

autoritaire *(autoritär)*

agressif, agressive *(aggressiv)*

violent, violente *(gewalttätig)*

brutal, brutale *(brutal)*

cruel, cruelle *(grausam)*

_____

indifférent, indifférente *(desinteressiert)*

égal *(egal)*
   Ça m'est égal! *(Das ist mir egal!)*

5.3 Handeln

une **action** *(Handlung)*
faire une action *(eine Aktion durchführen)*
entrer en action *(in Aktion treten)*

une **activité** *(Tätigkeit, Aktivität)*
financer ses activités *(seine Tätigkeit finanzieren)*

organiser *(durchführen, organisieren)*
organiser beaucoup d'activités *(viele Aktivitäten durchführen)*

actif, active *(aktiv, tatkräftig)*
mener une vie active *(ein aktives Leben führen)*

agir *(handeln)*
agir sans réfléchir *(handeln ohne zu überlegen)*

_____

s'engager pour *(sich einsetzen für)*

lutter pour/ contre *(kämpfen für/ gegen)*

la **lutte pour/ contre** *(der Kampf für/ gegen)*

prendre l'initiative *(f.)* *(die Initiative ergreifen)*

_____

la **situation** *(Lage, Situation)*
la situation économique *(die wirtschaftliche Lage)*

la **réalité** *(Wirklichkeit)*
voir la réalité comme elle est *(die Wirklichkeit sehen, wie sie ist)*
en réalité *(in Wirklichkeit)*

réel, réelle *(wirklich)*
la situation réelle *(die wirkliche Lage)*

changer *(ändern, sich verändern)*
changer la situation *(die Lage ändern)*
La situation n'a pas changé. *(Die Lage hat sich nicht verändert.)*

le **changement** *(Veränderung)*
faire un changement *(eine Änderung herbeiführen)*
Il n'y a pas eu de changement. *(Es gab keine Veränderung.)*

_____

la **mesure** *(Maßnahme)*
  prendre des mesures *(Maßnahmen ergreifen)*

efficace *(wirksam)*
  des mesures efficaces *(wirksame Maßnahmen)*

l'**intention** *(f.)* *(Absicht)*
  avoir l'intention *(die Absicht haben)*

le **projet** *(Plan)*

réaliser *(verwirklichen)*
  réaliser ses projets *(seine Pläne verwirklichen)*

le **moyen** *(Mittel, Möglichkeit)*
  par tous les moyens *(mit allen Mitteln)*

utiliser *(anwenden, gebrauchen)*
  utiliser tous les moyens *(alle Möglichkeiten ausschöpfen)*

––––––––––––––––––––

essayer de faire qc *(versuchen, etw. zu tun)*
  J'ai tout essayé, mais c'était en vain. *(Ich habe alles versucht, aber es war umsonst.)*

décider de faire qc *(beschließen, etw. zu tun)*
  J'ai décidé de ne pas y aller. *(Ich habe beschlossen, nicht dorthin zu gehen.)*

la **décision** *(Entscheidung, Entschluss)*
  prendre une décision *(eine Entscheidung treffen)*

un **effort** *(Anstrengung)*
  faire de gros efforts *(große Anstrengungen unternehmen)*

intensifier *(intensivieren)*
  intensifier ses efforts *(seine Anstrengungen intensivieren)*

s'efforcer *(sich bemühen)*
  s'efforcer de trouver une solution *(sich bemühen, eine Lösung zu finden)*

––––––––––––––––––––

le **courage** *(Mut)*
  Il n'a pas eu le courage de dire la vérité. *(Er hatte nicht den Mut, die Wahrheit zu sagen.)*

courageux, courageuse *(mutig)*

le **risque** *(Risiko, Gefahr)*
  prendre des risques *(ein Risiko eingehen)*

risquer *(riskieren, Gefahr laufen)*
  On risque de perdre tout son argent. *(Man läuft Gefahr, sein ganzes Geld zu verlieren.)*

hésiter à faire qc *(zögern, etw. zu tun)*
  sans hésiter *(ohne zu zögern)*

––––––––––––––––––

le **problème** *(Problem)*
  sans problème *(problemlos)*

gros, grosse *(bedeutend, groß)*
  un gros problème *(ein großes Problem)*

nouveau, nouvel, nouvelle; *(m. pl.)* nouveaux *(neu)*
  Cela pose de nouveaux problèmes. *(Dies bringt neue Probleme mit sich.)*

résoudre *(lösen)*
  résoudre ce problème *(dieses Problem lösen)*

la **difficulté** *(Schwierigkeit)*

difficile *(schwierig)*
  Ce n'est pas difficile. *(Das ist nicht schwer.)*

facile *(leicht)*
  C'est très facile. *(Das ist sehr leicht.)*

––––––––––––––––––

le **succès** *(Erfolg)*
  avoir du succès *(Erfolg/ Glück haben)*
  J'ai eu du succès. *(Ich habe Glück gehabt.)*
  sans succès *(ohne Erfolg)*

fier, fière **(de)** *(stolz auf)*
  Il est fier de son succès. *(Er ist stolz auf seinen Erfolg.)*

réussir à faire qc *(es schaffen, etw. zu tun)*
  Elle a réussi à trouver un nouvel emploi. *(Es ist ihr gelungen, eine neue Arbeitsstelle zu finden.)*

en vain *(umsonst)*
 Tout était en vain. *(Alles war umsonst.)*

5.4 Denken

penser à *(denken an)*
 penser à l'avenir *(an die Zukunft denken)*

une **idée** *(Idee, Gedanke)*
 une bonne idée *(eine gute Idee)*

la **pensée** *(Denken, Denkweise)*

logique *(logisch)*

théoriquement *(adv.) (theoretisch)*
 Théoriquement, c'est possible. *(Das ist theoretisch möglich.)*

pratiquement *(adv.) (praktisch)*
 Pratiquement, c'est impossible. *(Das ist praktisch unmöglich.)*

intelligent, intelligente *(intelligent)*

réfléchir à/ sur *(nachdenken über, überlegen)*
 sans réfléchir *(ohne zu überlegen)*

───────────────

savoir *(wissen)*
 Je n'en sais rien. *(Davon weiß ich nichts.)*

la **vérité** *(Wahrheit)*
 dire la vérité *(die Wahrheit sagen)*

vrai, vraie *(wahr)*

comprendre *(verstehen)*
 Je n'y comprends rien. *(Davon verstehe ich nichts.)*

connaître *(kennen, kennen lernen)*
 Je ne connais pas d'autres solutions. *(Ich kenne keine anderen Lösungen.)*

les **connaissances de français** *(f. pl.) (Französischkenntnisse)*
 améliorer ses connaissances de français *(seine Französischkenntnisse verbessern)*

se rappeler *(sich erinnern)*
Je ne me rappelle plus. *(Daran kann ich mich nicht mehr erinnern.)*

se souvenir de *(sich erinnern an)*
Tu te souviens encore de moi? *(Erinnerst du dich noch an mich?)*

oublier *(vergessen)*
J'ai tout oublié. *(Ich habe alles vergessen.)*
J'ai complètement oublié de t'appeler. *(Ich habe ganz vergessen, dich anzurufen.)*

5.5 Wollen

vouloir *(wollen)*
Je ne veux pas qu'il vienne *(subj.)*. *(Ich will nicht, dass er kommt.)*

demander à qn *(jdn bitten)*
Je vous demande de ne rien dire à personne. *(Ich bitte Sie, niemandem etwas zu sagen.)*

souhaiter *(wünschen)*
Je vous souhaite un bon week-end. *(Ich wünsche Ihnen ein schönes Wochenende.)*

préférer faire qc *(etw. lieber wollen)*
Je préfère rester chez moi. *(Ich bleibe lieber zu Hause.)*

je n'ai pas envie de faire qc *(ich habe keine Lust, etw. zu tun)*
Je n'ai pas envie d'y aller. *(Ich habe keine Lust, dorthin zu gehen.)*

accepter *(akzeptieren)*
accepter la proposition *(den Vorschlag akzeptieren)*

être pour qc *(für etw. sein)*

refuser de faire qc *(sich weigern, etw. zu tun)*

    Il refuse de travailler. *(Er weigert sich zu arbeiten.)*

s'opposer à *(sich widersetzen)*

    Elle s'oppose à ce projet. *(Sie widersetzt sich diesem Plan.)*

être contre qc *(gegen etw. sein)*

empêcher qn de faire qc *(jdn daran hindern, etw. zu tun)*

    Il m'empêche de voir ma famille. *(Er hindert mich daran, meine Familie zu besuchen.)*

6 Allgemeine Aktivitäten

aller *(gehen, fahren)*
  aller au lit *(ins Bett gehen)*
  aller en Italie *(nach Italien fahren)*

arriver *(ankommen)*
  arriver à l'heure *(pünktlich ankommen)*

venir *(kommen)*
  venir d'Angleterre *(aus England kommen)*

revenir *(zurückkommen, wiederkommen)*
  revenir de l'école *(aus der Schule zurückkommen)*

retourner *(zurückkehren)*
  retourner à l'hôtel *(zum Hotel zurückkehren)*

rentrer *(zurückkehren, nach Hause kommen)*
  rentrer des vacances *(aus dem Urlaub zurückkommen)*

rester *(bleiben)*
  rester à la maison *(zu Hause bleiben)*

---

sortir *(hinausgehen)*
  sortir du restaurant *(das Lokal verlassen)*

partir *(weggehen, wegfahren)*
  partir en voiture *(mit dem Auto wegfahren)*

monter *(hinaufgehen, hinaufsteigen)*
  monter dans le train *(in den Zug steigen)*

descendre *(hinuntergehen, aussteigen)*
  descendre de la voiture/ du bus *(aus dem Auto/ aus dem Bus steigen)*

traverser *(überqueren)*
  traverser la rue *(die Straße überqueren)*

tomber *(fallen)*
  tomber dans l'escalier *(auf der Treppe stürzen)*
  tomber par terre *(hinfallen)*

---

fatigué, fatiguée *müde)*

se reposer *(sich ausruhen)*
  Je vais me reposer un peu. *(Ich will mich etwas ausruhen.)*

se coucher *(schlafen gehen, zu Bett gehen)*
  Hier, je me suis couché(e) à 11 heures. *(Gestern bin ich um 11 Uhr schlafen gegangen.)*

dormir *(schlafen)*
  Vous avez bien dormi? *(Haben Sie gut geschlafen?)*

se réveiller *(aufwachen)*
  Elle s'est réveillée du coma. *(Sie ist aus dem Koma aufgewacht.)*

se lever *(aufstehen)*
  Je me suis levé(e) trop tard. *(Ich bin zu spät aufgestanden./ Ich habe verschlafen.)*

――――――――――――――

donner *(geben)*
  Vous me donnez votre numéro de portable? *(Können Sie mir Ihre Handynummer geben?)*

offrir *(schenken)*
  Il m'a offert des fleurs. *(Er hat mir Blumen geschenkt.)*

un **cadeau** *(Geschenk)*
  Je ne sais pas quoi lui offrir comme cadeau. *(Ich weiß nicht, was ich ihm/ ihr schenken soll.)*

apporter *(bringen, mitbringen)*
  Vous pouvez apporter votre caméra? *(Können Sie Ihre Kamera mitbringen?)*

aller chercher *(holen)*
  Je vais aller chercher quelque chose à boire. *(Ich gehe etwas zu trinken holen.)*

transporter *(transportieren)*

prendre *(nehmen)*
  Qu'est-ce que vous prenez à boire? *(Was nehmen Sie zu trinken?)*
  prendre le bus *(den Bus nehmen, mit dem Bus fahren)*

mettre *(legen, setzen, stellen)*
mettre le gâteau au frigo *(den Kuchen in den Kühlschrank stellen)*

passer qc à qn *(jdm etw. reichen)*
Vous me passez le sel, s'il vous plaît? *(Können Sie mir bitte das Salz reichen?)*

tenir *(halten)*
C'est facile à tenir à la main. *(Das ist leicht in der Hand zu halten.)*

---

ouvrir *(öffnen)*
ouvrir la porte *(die Tür öffnen)*

fermer *(schließen)*
fermer la fenêtre *(das Fenster schließen)*

chercher *(suchen)*
J'ai cherché partout. *(Ich habe überall gesucht.)*

trouver *(finden)*
Je n'ai rien trouvé. *(Ich habe nichts gefunden.)*

perdre *(verlieren)*
J'ai perdu mes clés. *(Ich habe meine Schlüssel verloren.)*

voir *(sehen)*
Tu as vu mes clés? *(Hast du meine Schlüssel gesehen?)*

regarder *(ansehen, nachschauen)*
J'ai regardé partout. *(Ich habe überall nachgeschaut.)*

montrer *(zeigen)*
Je vais vous montrer comment il faut faire. *(Ich zeige Ihnen, wie man das machen muss.)*

réparer *(reparieren)*
Tu peux me dire comment il faut faire pour réparer ça? *(Kannst du mir sagen, wie man das repariert?)*

7 Zwischenmenschliche Beziehungen

7.1 Familie

la **famille** *(Familie)*
  Il n'a pas de famille. *(Er hat keine Familie.)*
une **famille patchwork** *(Patchworkfamilie)*
la **vie de famille** *(Familienleben)*

---

les **parents** *(m. pl.)* *(Eltern)*
le **père** *(Vater)*
la **mère** *(Mutter)*
le **frère** *(Bruder)*
la **sœur** *(Schwester)*
les **enfants** *(m. pl.)* *(Kinder)*
le **fils** *(Sohn)*
la **fille** *(Tochter)*
mon **mari** *(mein Mann)*
ma **femme** *(meine Frau)*

---

les **grands-parents** *(m. pl.)* *(Großeltern)*
le **grand-père** *(Großvater)*
la **grand-mère** *(Großmutter)*
les **petits-enfants** *(m. pl.)* *(Enkelkinder)*
le **petit-fils** *(Enkel)*
la **petite-fille** *(Enkelin)*

---

l'**oncle** *(m.)* *(Onkel)*
la **tante** *(Tante)*

le **cousin** *(Cousin)*

la **cousine** *(Cousine)*

le **beau-père** *(Schwiegervater)*

la **belle-mère** *(Schwiegermutter)*

7.2 Partnerschaft

vivre avec qn *(mit jdm zusammenleben)*
  Elle vit avec son ami. *(Sie lebt mit ihrem Freund zusammen.)*

être ensemble *(zusammen sein)*
  Ils sont ensemble depuis un an. *(Sie sind seit einem Jahr zusammen.)*

le **compagnon**, la **compagne** *(Lebenspartner, Lebenspartnerin)*
  Elle vit avec son compagnon. *(Sie lebt mit ihrem Lebenspartner zusammen.)*

la **relation** *(Beziehung)*
  Elle a une relation avec un homme marié. *(Sie hat eine Beziehung zu einem verheirateten Mann.)*
  entrer dans une nouvelle relation *(eine neue Beziehung eingehen)*

——————————

vivre seul(e) *(allein leben)*
  Il vit seul. *(Er lebt allein.)*

célibataire *(Single, unverheiratet)*
  Elle est célibataire depuis deux ans. *(Sie ist seit zwei Jahren Single.)*
  pourquoi c'est mieux d'être célibataire *(warum es besser ist, Single zu sein)*

——————————

homosexuel *(homosexuell)*
  Il est homosexuell. *(Er ist homosexuell.)*

lesbienne *(lesbisch)*
  Elle est lesbienne. *(Sie ist lesbisch.)*

discriminer *(diskriminieren)*
  discriminer les homosexuels *(die Homosexuellen diskriminieren)*

avoir les mêmes droits que ... *(die gleichen Rechte haben wie ...)*
  Les couples homosexuels ont les mêmes droits que les autres. *(Die homosexuellen Paare haben die gleichen Rechte wie die anderen.)*

———————————

parent isolé *(Alleinerziehende)*
  Elle est parent isolé. *(Sie ist Alleinerziehende.)*

la **pension alimentaire** *(Unterhalt)*
  Il ne paie pas de pension alimentaire. *(Er zahlt keinen Unterhalt.)*

7.3 Ehe, Trennung

être marié, mariée *(verheiratet sein)*
  Il est marié avec une Anglaise. *(Er ist mit einer Engländerin verheiratet.)*

se marier (**avec qn**) *(jdn heiraten)*
  Il ne veut pas se marier. *(Er will nicht heiraten.)*
  Elle s'est mariée avec un Américain. *(Sie hat einen Amerikaner geheiratet.)*

le **mariage** *(Ehe, Hochzeit, Trauung)*
  trois mois avant le mariage *(drei Monate vor der Hochzeit)*
  le mariage pour tout le monde *(die Ehe für alle)*

épouser qn *(jdn heiraten)*
  Elle a épousé son grand amour. *(Sie hat ihre große Liebe geheiratet.)*

———————————

divorcer *(sich scheiden lassen)*
  Elle a divorcé après 30 ans de mariage. *(Sie hat sich nach 30 Jahren Ehe scheiden lassen.)*

divorcé, divorcée *(geschieden)*
Il est divorcé pour la deuxième fois. *(Er ist zum zweiten Mal geschieden.)*

se séparer *(sich trennen)*
Elle s'est séparée de son mari. *(Sie hat sich von ihrem Mann getrennt.)*

quitter qn *(jdn verlassen)*
Il a quitté sa femme. *(Er hat seine Frau verlassen.)*

---

son **ex-mari** *(ihr Ex-Mann)*

son **ex-femme** *(seine Ex-Frau)*

se disputer avec qn *(sich mit jdm streiten)*

l'**éducation** *(f.) (Erziehung)*
se disputer au sujet de l'éducation des enfants *(sich über die Kindererziehung streiten)*

discuter qc *(etw. besprechen)*
discuter ensemble toutes les questions d'éducation *(alle Erziehungsfragen gemeinsam besprechen)*

7.4 Freundschaftliche Kontakte, Liebe

un **ami**, une amie *(Freund/ Freundin)*

un **copain**, une copine *(Freund/ Freundin, Kumpel)*

un/ une **camarade** *(Kamerad/ Kameradin)*
un camarade d'école *(Mitschüler)*

---

s'entendre bien avec qn *(sich mit jdm gut verstehen)*
Je m'entends bien avec lui/ avec elle. *(Ich verstehe mich gut mit ihm/ mit ihr.)*

le **contact** *(Kontakt)*
avoir de bons contacts avec qn *(gute Kontakte zu jdm haben)*

aimer *(lieben, gern haben)*
Je l'aime bien. *(Ich mag ihn/ sie gern.)*

l'amour *(m.) (Liebe)*
l'amour de la nature *(die Liebe zur Natur)*

fidèle *(treu)*
Il ne lui est pas fidèle. *(Er ist ihr nicht treu.)*

tromper *(betrügen, täuschen)*
Il l'a trompée plusieurs fois. *(Er hat sie mehrmals betrogen.)*

déçu, déçue *(enttäuscht)*
Je suis déçu de lui/ d'elle. *(Ich bin von ihm/ von ihr enttäuscht.)*

———————————

connaître *(kennen, kennen lernen)*
Je le connais depuis longtemps. *(Ich kenne ihn schon lange.)*
Je l'ai connu(e) pendant les vacances. *(Ich habe ihn/ sie in den Ferien kennen gelernt.)*

faire la connaissance de qn *(jdn kennen lernen)*
J'ai fait sa connaissance il y a deux ans. *(Ich habe ihn/ sie vor zwei Jahren kennen gelernt.)*

rencontrer qn *(jdn treffen, sich mit jdm treffen)*
Je l'ai rencontré(e) au théâtre. *(Ich habe ihn/ sie im Theater getroffen.)*

se rencontrer *(sich treffen)*
Nous nous rencontrons une fois par mois. *(Wir treffen uns ein Mal im Monat.)*

voir ses amis *(sich mit seinen Freunden treffen)*
Je vais voir mes amis. *(Ich treffe mich mit meinen Freunden.)*

———————————

aller voir qn *(jdn besuchen (gehen))*
Je suis allé le/ la voir hier. *(Ich habe ihn/ sie gestern besucht.)*

venir voir qn *(jdn besuchen (kommen))*
Quand est-ce que vous venez me voir? *(Wann kommen Sie mich besuchen?)*

inviter *(einladen)*
Elle m'a invité à son anniversaire. *(Sie hat mich zu ihrem Geburtstag eingeladen.)*

une **invitation** *(Einladung)*
Merci beaucoup pour votre invitation. *(Vielen Dank für Ihre Einladung.)*

avoir des invités *(m. pl.)* *(Besuch haben)*
Nous avons souvent des invités. *(Wir haben oft Besuch.)*

_____

coucher avec qn *(mit jdm schlafen)*

avoir des rapports sexuels *(m. pl.)* avec qn *(mit jdm sexuelle Beziehungen haben)*

la **pilule** *(Pille)*
prendre la pilule *(die Pille nehmen)*

un **préservatif** *(Kondom)*
prendre un préservatif *(ein Kondom benutzen)*

enceinte *(schwanger)*
Elle est enceinte. *(Sie ist schwanger.)*

7.5 Umgang mit Menschen

s'occuper de *(sich kümmern um)*
s'occuper de ses enfants *(sich um seine Kinder kümmern)*

aider qn à faire qc *(jdm helfen, etw. zu tun)*
Il m'a aidé(e) à mieux comprendre mon problème. *(Er hat mir geholfen, mein Problem besser zu verstehen.)*

l'**aide** *(f.)* *(Hilfe)*
Merci beaucoup pour votre aide. *(Vielen Dank für Ihre Hilfe.)*

avoir besoin de qc/ de qn *(etw./ jdn brauchen)*
J'ai besoin de ton aide. *(Ich brauche deine Hlfe.)*

dépendre de qn *(von jdm abhängen)*
Elle dépend financièrement de ses parents. *(Sie hängt finanziell von ihren Eltern ab.)*

respecter qn *(jdn respektieren)*

s'entendre bien avec qn *(sich mit jdm gut verstehen)*
Je m'entends très bien avec lui. *(Ich verstehe mich sehr gut mit ihm.)*

avoir confiance en qn *(zu jdm Vertrauen haben)*
Je n'ai pas confiance en lui/ en elle. *(Ich habe kein Vertrauen zu ihm/ zu ihr.)*

encourager qn à faire qc *(jdn ermutigen, etw. zu tun)*
encourager les gens à faire du sport *(die Menschen ermutigen, Sport zu treiben)*

motiver qn *(jdn motivieren)*

faire plaisir à qn *(jdm Freude machen)*
Ça m'a fait très plaisir. *(Das hat mich sehr gefreut.)*

promettre à qn de faire qc *(jdm versprechen, etw. zu tun)*
Il m'a promis de m'aider. *(Er hat mir versprochen, mir zu helfen.)*

obéir à qn *(jdm gehorchen)*
obéir aux parents *(den Eltern gehorchen)*

---

avoir des difficultés *(f. pl.)* **avec qn** *(mit jdm Schwierigkeiten/ Probleme haben)*

s'entendre mal *(sich schlecht verstehen)*
Ils s'entendent très mal. *(Sie verstehen sich sehr schlecht.)*

se disputer *(sich streiten)*
Ils se disputent toute la journée. *(Sie streiten den ganzen Tag.)*

la **dispute** *(Streit)*
Hier, j'ai eu une violente dispute avec mon mari. *(Gestern hatte ich einen heftigen Streit mit meinem Mann.)*

le **conflit** *(Konflikt)*
J'ai eu un conflit avec un collègue. *(Ich hatte einen Konflikt mit einem Kollegen.)*

critiquer *(kritisieren)*

Il me critique tout le temps. *(Er kritisiert mich die ganze Zeit.)*

reprocher à qn de faire qc *(jdm vorwerfen etw. zu tun)*

Il m'a reproché de fumer. *(Er hat mir vorgeworfen, ich würde rauchen.)*

le **reproche** *(Vorwurf)*

Je lui ai fait des reproches. *(Ich habe ihm/ ihr Vorwürfe gemacht.)*

se moquer de *(sich lustig machen über)*

Elle se moque de lui. *(Sie macht sich lustig über ihn.)*

mépriser qn *(jdn verachten)*

8 Freizeit

8.1 Freizeitgestaltung

le **temps libre** *(Freizeit)*
  J'ai peu de temps libre. *(Ich habe wenig Freizeit.)*

les **loisirs** *(m. pl.) (Freizeit, Freizeitbeschäftigung)*
  passer ses loisirs avec sa famille *(seine Freizeit mit der Familie verbringen)*

un **hobby**; les hobbies *(Hobby)*
  Je n'ai pas le temps pour mes hobbies. *(Ich habe keine Zeit für meine Hobbys.)*

––––––––––––––––

se **détendre** *(ausspannen)*
  J'écoute de la musique pour me détendre *(Ich höre Musik, um mich zu entspannen.)*

se **reposer** *(sich ausruhen)*
  Je dois me reposer un peu. *(Ich muss mich ein wenig ausruhen.)*

se **relaxer** *(sich entspannen)*
  On peut très bien se relaxer. *(Man kann sich sehr gut entspannen.)*

––––––––––––––––

une **promenade** *(Spaziergang)*
  faire une promenade *(einen Spaziergang machen)*

se **promener** *(spazieren gehen)*
  se promener avec son chien *(mit seinem Hund spazieren gehen)*

une **excursion** *(Ausflug)*
  faire une excursion en voiture *(einen Ausflug mit dem Auto machen)*

une **randonnée** *(Wanderung)*
  faire une randonnée *(eine Wanderung machen)*

un **tour en vélo** *(Radtour)*
  faire un tour en vélo *(eine Radtour machen)*

regarder la télé *(fernsehen)*

écouter de la musique *(Musik hören)*

lire un livre *(ein Buch lesen)*

faire de la photo *(fotografieren)*

faire de la peinture *(malen)*

bricoler *(basteln)*

jouer aux cartes *(Karten spielen)*

jouer aux échecs *(Schach spielen)*

aller en boîte *(in die Disko gehen)*

aller danser *(tanzen gehen)*

aller au cinéma *(ins Kino gehen)*

8.2 Sport

le **sport** *(Sport)*
    faire du sport *(Sport treiben)*
    pratiquer un sport dangereux *(eine gefährliche Sportart betreiben)*

sportif, sportive *(sportlich)*
    Je ne suis pas sportif/ sportive. *(Ich bin nicht sportlich.)*
    faire beaucoup d'activités sportives *(viele sportliche Aktivitäten ausüben)*

être en forme *(fit sein)*

rester en forme *(fit bleiben)*

---

faire des exercices *(Übungen machen)*
    faire des exercices de fitness *(Fitnessübungen machen)*

le **vélo elliptique** *(Crosstrainer)*
    faire du vélo elliptique *(Crosstraining machen)*

le **vélo d'appartement** *(Hometrainer)*
Je fais du vélo d'appartement tous les jours. *(Ich trainiere jeden Tag auf dem Hometrainer.)*

le **centre de fitness** *(Fitnessstudio)*
aller au centre de fitness *(ins Fitnessstudio gehen)*

s'entraîner *(trainieren)*
s'entraîner dur *(hart trainieren)*

l'**entraînement** *(m.) (Training)*
aller à l'entraînement *(zum Training gehen)*

_____

faire du football/ du foot *(Fußball spielen) (Sportart)*

jouer au football *(Fußball spielen) (konkret)*
Je joue au football deux fois par semaine. *(Ich spiele zweimal in der Woche Fußball.)*

le **club** *(Verein, Club)*
Je suis dans un club. *(Ich bin in einem Verein.)*
Je suis dans un club de tennis. *(Ich bin in einem Tennisclub.)*

une **équipe** *(Mannschaft)*
mon équipe *(meine Mannschaft)*

le **match** *(Spiel)*
gagner le match *(das Spiel gewinnen)*
perdre le match *(das Spiel verlieren)*

le **joueur**, la **joueuse** *(Spieler/ Spielerin)*
le joueur de football *(Fußballspieler)*
la joueuse de tennis *(Tennisspielerin)*

_____

le **stade** *(Stadion)*

le **terrain de sport** *(Sportplatz)*

le **terrain de foot** *(Fußballplatz)*

le **court de tennis** *(Tennisplatz)*

_____

aire du handball *(Handball spielen)*

faire du basket(-**ball**) *(Basketball spielen)*

faire du volley(-**ball**) *(Volleyball spielen)*

faire du golf *(Golf spielen)*

faire du vélo *(Rad fahren)*

faire du jogging *(joggen)*

faire du nordic walking *(Nordic-Walking machen)*

faire du cheval *(reiten)*

faire de l'équitation *(reiten)*

_____

faire de la natation *(schwimmen)* *(Sportart)*
   un bon endroit pour faire de la natation *(ein guter Ort zum Schwimmen)*

aller nager *(schwimmen gehen)*
   Elle nage mieux que moi. *(Sie schwimmt besser als ich.)*

aller à la piscine *(ins Schwimmbad gehen)*

faire de la plongée *(tauchen)*

faire de la voile *(segeln)*
   apprendre à faire de la voile *(segeln lernen)*

faire de la planche à voile *(surfen)*

_____

faire du ski *(Ski laufen)*
   Je ne sais pas faire du ski. *(Ich kann nicht Ski laufen.)*

skier *(Ski laufen)*
   Il skie mieux que moi. *(Er läuft besser Ski als ich.)*

aller aux sports d'hiver *(in den Wintersport fahren)*

le **skieur**, la **skieuse** *(Skiläufer/ Skiläuferin)*

la **piste** *(Piste)*
   sur la piste *(auf der Piste)*

le **téléski** *(Skilift)*

8.3 Musik

la **musique** *(Musik)*
   écouter de la musique *(Musik hören)*
   faire de la musique *(Musik machen)*

une **école de musique** *(Musikschule)*
   aller à l'école de musique *(in die Musikschule gehen)*

un **musicien**, une musicienne *(Musiker/ Musikerin)*

un **instrument** *(Instrument)*
   jouer d'un instrument *(ein Instrument spielen)*

---

jouer de la guitare *(Gitarre spielen)*

jouer de la flûte *(Flöte spielen)*

jouer du piano *(Klavier spielen)*

jouer du violon *(Geige spielen)*

jouer du saxophone *(Saxophon spielen)*

jouer de la trompette *(Trompete spielen)*

jouer de la batterie *(Schlagzeug spielen)*

jouer de l'accordéon *(Akkordeon spielen)*

---

apprendre la guitare *(Gitarre lernen)*

apprendre à jouer du piano *(das Klavierspielen lernen)*

les **notes** *(f. pl.)* *(Noten)*
   connaître les notes *(die Noten kennen)*

les **cours de piano** *(m. pl.)* *(die Klavierstunden)*
   prendre des cours de piano *(Klavierstunden nehmen)*

---

chanter *(singen)*
   Je ne sais pas chanter. *(Ich kann nicht singen.)*
   chanter en direct *(live singen)*

le **chanteur**, la chanteuse *(Sänger/ Sängerin)*
  un chanteur d'opéra *(Opernsänger)*

la **chanson** *(Lied, Schlager)*
  une chanson d'amour *(Liebeslied)*

la **mélodie** *(Melodie)*
  une mélodie sympathique *(eine nette Melodie)*

les **paroles** *(f. pl.)* *(Text)*
  les paroles de la chanson *(der Text des Liedes)*

la **chorale** *(Chor, Gesangverein)*
  chanter dans une chorale *(in einem Chor singen)*

le **groupe** *(Band)*
  jouer dans un groupe de rock *(in einer Rockband spielen)*

―――――――――――

le **concert** *(Konzert)*
  aller au concert *(ins Konzert gehen)*
  donner un concert *(ein Konzert geben)*

le **festival de musique** *(Musikfestival)*
  un festival de musique international *(ein internationales Musikfestival)*

8.4 Smartphone, Computer, Internet

le **smartphone** *(Smartphone)*
  installer des applications sur mon smartphone *(Apps auf meinem Smartphone installieren)*

un (**téléphone**) **portable** *(Handy)*
  envoyer des photos avec son portable *(Fotos mit seinem Handy verschicken)*

Je suis inscrit(e) sur facebook. *(Ich bin bei Facebook.)*

les **données personnelles** *(f.)* *(persönliche Daten)*

―――――――――――

un **ordinateur** *(Computer)*
  jouer sur l'ordinateur *(am Computer spielen)*
  regarder la télé sur l'ordinateur *(auf dem Computer fernsehen)*

le **portable** *(Laptop)*
  utiliser son portable au bureau *(seinen Laptop im Büro benutzen)*

le **pc** *(PC)*
  Mon pc marche très lentement. *(Mein PC läuft sehr langsam.)*

————————————

le **programme** *(Programm)*
  Ce programme ne marche pas sur mon pc. *(Dieses Programm läuft nicht auf meinem PC.)*

installer/ déinstaller le programme antivirus *(das Antivirenprogramm installieren/ deinstallieren)*

mettre ses photos sur son pc *(seine Fotos auf seinen PC bringen)*

sur l'écran *(m.)* *(auf dem Bildschirm)*

le **fichier** *(Datei)*
  ouvrir/ fermer le fichier *(die Datei öffnen/ schließen)*

une **imprimante** *(Drucker)*
  Mon imprimante ne fonctionne pas. *(Mein Drucker funktioniert nicht.)*

————————————

aller sur Internet *(ins Internet gehen)*
  J'ai trouvé cela sur Internet. *(Ich habe dies im Internet gefunden.)*
  téléphoner sur Internet *(über das Internet telefonieren)*

sur le Net *(im Netz)*
  surfer sur le Net *(im Netz surfen)*

Nous n'avons pas d'Internet. *(Wir haben kein Internet.)*

une **connexion Internet** *(Internetanschluss)*
  Il n'y a pas de connexion Internet. *(Es gibt keinen Internetanschluss.)*

télécharger *(herunterladen)*

télécharger de la musique/ des films d'Internet *(Musik/ Filme aus dem Internet herunterladen)*

télécharger les vidéos sur le pc *(die Videos auf den PC laden)*

streamer des films *(Filme streamen)*

en ligne *(online)*

faire de la banque en ligne *(Online-Banking machen)*

acheter dans les magasins en ligne *(in den Online-Shops kaufen)*

réserver un voyage en ligne *(eine Reise online buchen)*

---

un **jeu vidéo**; des jeux vidéo *(pl.)* *(Computerspiel)*

jouer aux jeux vidéo *(Computerspiele spielen)*

la **console** (**de jeux**) *(Playstation)*

jouer sur sa console *(Playstation spielen)*

surfer sur Internet *(im Internet surfen)*

chatter *(chatten)*

chatter avec ses amis *(mit seinen Freunden chatten)*

8.5 Fernsehen, Lektüre, Kino, Theater

la **télévision** *(Fernsehen, Fernseher)*

regarder la télévision sur Internet *(im Internet fernsehen)*

la télévision par satellite *(Satellitenfernsehen)*

la **télé** *(Fernsehen, Fernseher)*

regarder la télé sur smartphone *(auf seinem Smartphone fernsehen)*

allumer la télé *(den Fernseher einschalten)*

arrêter la télé *(den Fernseher ausschalten)*

J'ai entendu cela à la télé. *(Ich habe das im Fernsehen gehört.)*

une **émission** *(Sendung)*

une émission de sport *(Sportsendung)*

une émission musicale *(Musiksendung)*

les **actualités** *(f. pl.) (Nachrichten)*
  regarder les actualités *(die Nachrichten anschauen)*
  J'ai entendu cela aux actualités. *(Ich habe das in den Nachrichten gehört.)*

la **météo** *(Wetterbericht)*
  Tu as regardé la météo? *(Hast du den Wetterbericht gesehen?)*

la **publicité** *(Werbung)*
  Il y a trop de publicités à la télé. *(Es gibt zu viel Werbung im Fernsehen.)*

la **radio** *(Radio)*
  écouter la radio *(Radio hören)*
  à la radio *(im Radio)*

_____

lire *(lesen)*
  Je lis beaucoup. *(Ich lese viel.)*

le **livre** *(Buch)*
  un livre sur l'amour *(ein Buch über die Liebe)*

la **librairie** *(Buchhandlung)*
  une librairie sur Internet *(eine Internetbuchhandlung)*

la **bibliothèque** *(Bibliothek)*
  consulter une bibliothèque spécialisée *(sich an eine Spezialbibliothek wenden)*

un **auteur** *(Autor)*
  les livres de cet auteur *(die Bücher dieses Autors)*

un **écrivain** *(Schriftsteller)*
  un écrivain célèbre *(ein berühmter Schriftsteller)*

le **titre** *(Titel)*

le **chapitre** *(Kapitel)*
  au premier chapitre *(im ersten Kapitel)*

la **page** *(Seite)*
  à la page 10 *(auf Seite 10)*

le **roman** *(Roman)*
  un roman d'amour *(Liebesroman)*

le **roman policier** *(Krimi)*

le **journal**; des journaux *(pl.)* *(Zeitung)*
  lire le journal *(die Zeitung lesen)*

la **revue** *(Zeitschrift)*
  une revue scientifique *(wissenschaftliche Zeitschrift)*

le **magazine** *(Zeitschrift)*
  un magazine féminin *(Frauenzeitschrift)*

un **article** *(Artikel)*
  un article sur le changement climatique *(ein Artikel über den Klimawandel)*

une **annonce** *(Anzeige)*
  une annonce publicitaire *(Werbeanzeige)*

un **sondage** *(Umfrage)*
  faire un sondage en ligne *(eine Online-Umfrage machen)*

publier *(veröffentlichen)*
  publier les résultats *(die Ergebnisse veröffentlichen)*

––––––––––––––––––

le **cinéma** *(Kino)*
  aller au cinéma *(ins Kino gehen)*

le **film** *(Film)*
  aller voir un film *(in einen Film gehen)*
  un film policier *(Krimi)*
  un film d'action *(Aktionfilm)*

un **acteur**, une actrice *(Schauspieler/ Schauspielerin)*
  un acteur connu *(ein bekannter Schauspieler)*

––––––––––––––––––

le **théâtre** *(Theater)*
  aller au théâtre *(ins Theater gehen)*

une **pièce de théâtre** *(Theaterstück)*
  une pièce de théâtre moderne *(ein modernes Theaterstück)*

une **comédie** *(Komödie)*

une **tragédie** *(Tragödie)*

l'**action** *(f.)* *(Handlung)*
   une action dramatique *(eine dramatische Handlung)*

le **spectateur**, la spectatrice *(Zuschauer/ Zuschauerin)*
   la réaction des spectateurs *(die Reaktion der Zuschauer)*

le **public** *(Publikum)*
   devant un grand public *(vor einem großen Publikum)*

9 Essen und Trinken

9.1 Essen und Trinken, Mahlzeiten

manger *(essen)*
  manger moins *(weniger essen)*

l'**appétit** *(m.)* *(Appetit)*
  Je n'ai pas d'appétit. *(Ich habe keinen Appetit.)*

Bon appétit! *(Guten Appetit!)*

la **faim** *(Hunger)*
  la faim dans le monde *(der Hunger in der Welt)*

avoir faim *(Hunger haben)*
  J'ai faim. *(Ich habe Hunger.)*
  J'ai très faim. *(Ich habe großen Hunger.)*
  Je n'ai pas faim. *(Ich habe keinen Hunger.)*
  Je n'ai plus faim. *(Ich bin satt. / Ich habe keinen Hunger mehr.)*

———————————

boire *(trinken)*
  boire plus d'eau *(mehr Wasser trinken)*
  boire deux litres d'eau *(zwei Liter Wasser trinken)*

la **boisson** *(Getränk)*
  une boisson sans sucre *(ein Getränk ohne Zucker)*

À votre santé! *(Zum Wohl!)*

la **soif** *(Durst)*

avoir soif *(Durst haben)*
  J'ai soif. *(Ich habe Durst.)*
  J'ai très soif. *(Ich habe großen Durst.)*
  Je n'ai pas soif. *(Ich habe keinen Durst.)*

———————————

le **repas** *(Mahlzeit, Essen)*
  préparer le repas *(das Essen zubereiten)*

le **petit déjeuner** *(Frühstück)*
  chambre avec petit déjeuner *(Zimmer mit Frühstück)*

prendre le petit déjeuner *(frühstücken)*
   Je ne prends pas de petit déjeuner. *(Ich frühstücke nicht.)*

le **déjeuner** *(Mittagessen)*
   Je prends le déjeuner à la cantine. *(Ich esse in der Kantine zu Mittag.)*

déjeuner *(zu Mittag essen.)*
   Je déjeune au bureau. *(Ich esse im Büro zu Mittag.)*

le **dîner** *(Abendessen)*
   préparer le dîner *(das Abendessen zubereiten)*

dîner *(zu Abend essen)*
   J'aimerais vous inviter à dîner. *(Ich würde Sie gerne zum Abendessen einladen.)*

9.2 Frühstück

le **pain** *(Brot)*

le **petit pain** *(Brötchen)*

le **pain complet** *(Vollkornbrot)*

une **tranche de pain complet** *(Scheibe Vollkornbrot)*

une **tartine de pain grillé** *(belegte Scheibe Toastbrot)*

la **baguette** *(Baguette)*

le **croissant** *(Croissant)*

la **biscotte** *Zwieback)*

_____

le **beurre** *(Butter)*

la **confiture** *(Marmelade)*

le **miel** *(Honig)*

le **fromage** *(Käse)*

un **morceau de fromage** *(Stück Käse)*

le **fromage blanc** *(Quark)*

le **camembert** *(Camembert)*

le **yaourt** *(Joghurt)*

le **muesli** *(Müsli)*

un **œuf** *(Ei)*

---

une **tasse de café** *(m.) (Tasse Kaffee)*

un **café au lait** *(m.) (Milchkaffee)*

faire un espresso *(sich einen Espresso machen)*

une **tasse de thé** *(m.) (Tasse Tee)*

une **tasse de cappucino** *(m.) (Tasse Cappucino)*

une **tasse de chocolat chaud** *(m.) (Tasse Kakao)*

un **verre de lait** *(m.) (Glas Milch)*

un **verre de jus d'orange** *(m.) (Glas Orangensaft)*

---

le **sucre** *(Zucker)*
   Je mets du sucre dans mon café. *(Ich nehme Zucker in den Kaffee.)*

la **sucrette** *(Süßstoff)*
   mettre de la sucrette à la place du sucre *(Süßstoff statt Zucker verwenden)*

le **sel** *(Salz)*
   Je ne mets pas de sel sur mon œuf. *(Ich nehme kein Salz auf mein Ei.)*

9.3 Mittag- und Abendessen

Speisen

la **viande** *(Fleisch)*

le **steak** *(Steak)*

la **côtelette** *(Kotelett)*

une **escalope** *(Schnitzel)*

le **pâté** *(Pastete)*

la **saucisse** *(Würstchen)*

le **poulet** *(Hähnchen)*

le **poisson** *(Fisch)*

Gemüse

les **légumes** *(m. pl.)* *(Gemüse)*

les **pommes de terre** *(f. pl.)* *(Kartoffeln)*

les **pommes frites** *(Pommes frites)*

les **tomates** *(f. pl.)* *(Tomaten)*

les **carottes** *(f. pl.)* *(Möhren, Karotten)*

les **petits pois** *(m. pl.)* *(Erbsen)*

les **champignons** *(m. pl.)* *(Pilze)*

les **haricots verts** *(m. pl.)* *(grüne Bohnen)*

la **choucroute** *(Sauerkraut)*

les **asperges** *(f. pl.)* *(Spargel)*

---

les **pâtes** *(f. pl.)* *(Teigwaren)*

le **riz** *(Reis)*

la **salade** *(Salat)*

Käse

le **fromage** *(Käse)*

le **fromage blanc** *(Quark)*

le **camembert** *(Camembert)*

le **yaourt** *(Joghurt)*

Obst

les **fruits** *(m. pl.)* *(Obst)*

une **pomme** *(Apfel)*

une **poire** *(Birne)*

une **banane** *(Banane)*

une **orange** *(Orange)*

une **pêche** *(Pfirsich)*

un **abricot** *(Aprikose)*

les **cerises** *(f. pl.)* *(Kirschen)*

les **prunes** *(f. pl.)* *(Pflaumen)*

les **fraises** *(f. pl.)* *(Erdbeeren)*

les **framboises** *(f. pl.)* *(Himbeeren*

un **ananas** *(Ananas)*

un **melon** *(Melone)*

du **raisin** *(m.)* *(Trauben)*

Nachtisch

le **dessert** *(Nachtisch, Dessert)*

une **compote de pommes** *(Apfelmus)*

une **crème au citron** *(Zitronencreme)*

un **flan à la vanille** *(Vanillepudding)*

une **mousse au chocolat** *(Mousse au chocolat)*

une **glace à la vanille** *(Vanilleeis)*

une **glace au chocolat** *(Schokoladeneis)*

une **glace aux fraises** *(Erdbeereis)*

un **gâteau** *(Kuchen)*

une **tarte** *(Obstkuchen)*

Getränke

la **boisson** *(Getränk)*

l'**eau** *(f.) (Wasser)*

une **eau minérale** *(Mineralwasser)*

un **coca-cola** *(Coca-Cola)*

une **limonade** *(Limonade)*

une **orangeade** *(Orangenlimonade)*

un **jus d'orange** *(Orangensaft)*

_____

l'**alcool** *(m.) (Alkohol)*

la **bière** *(Bier)*

le **vin** *(Wein)*

le **vin rouge** *(Rotwein)*

le **vin blanc** *(Weißwein)*

le **cidre** *(Cidre)*

le **champagne** *(Champagner)*

9.4 Gesunde Ernährung

la **santé** *(Gesundheit)*

C'est bon pour la santé. *(Das ist gesund.)*

manger moins gras *(fettarm essen)*

manger moins de sucre *(weniger Zucker essen)*

manger moins de sucreries *(f. pl.) (weniger Süßigkeiten essen)*

boire moins d'alcool *(weniger Alkohol trinken)*

les **produits bio** *(m. pl.) (Bioprodukte)*

le **magasin bio** *(Bioladen)*

le **paysan bio** *(Biobauer)*

les **produits de la région** *(regionale Produkte)*

_____

Ce n'est pas bon pour la santé. *(Das ist ungesund.)*

manger du fast-food *(m.)* *(Fast-Food essen)*

Ça a trop de calories. *(Das hat zu viele Kalorien.)*

Ça contient trop peu de vitamines *(f. pl.)*. *(Das enthält zu wenig Vitamine.)*

un **arôme artificiel** *(künstliches Aroma)*

Ça fait grossir. *(Das macht dick.)*

Il/ Elle est trop gros/ grosse. *(Er/ Sie ist zu dick.)*

Il pèse trop. *(Er hat Übergewicht. / Er wiegt zu viel.)*

Il pèse 120 kilos. *(Er wiegt 120 Kilo.)*

faire un régime *(eine Diät machen)*

9.5 Kochen und Backen

la **cuisine** *(Küche)*
  Elle est dans la cuisine. *(Sie ist in der Küche.)*

faire la cuisine *(kochen)*
  Il ne sait pas faire la cuisine. *(Er kann nicht kochen.)*

cuisiner *(kochen)*
  Il cuisine mieux que moi. *(Er kocht besser als ich.)*

préparer le repas *(das Essen zubereiten)*

le **plat** *(Gericht)*
  C'est un bon plat de poisson. *(Das ist ein gutes Fischgericht.)*

le **plat cuisiné** *(Fertiggericht)*
  Les plats cuisinés sont pour moi une bonne alternative. *(Die Fertiggerichte sind für mich eine gute Alternative.)*

_____

la **cafetière électrique** *(Kaffeemaschine)*
  Ma cafetière électrique est tombée en panne. *(Meine Kaffeemaschine hat den Geist aufgegeben.)*

la **machine espresso** *(Espressomaschine)*
  une nouvelle machine espresso *(eine neue Espressomaschine)*

le **robot de cuisine** *(Küchenmaschine)*
  un nouveau robot de cuisine *(eine neue Küchenmaschine)*

le **micro-ondes** *(Microwelle)*
  chauffer le riz au micro-ondes *(den Reis in der Microwelle warm machen)*

le **four** *(Backofen)*
  mettre le poulet au four *(das Hähnchen in den Backofen schieben)*

cuire qc *(etw. kochen/ backen/ braten)*
  Je cuis la viande au four à basse température. *(Ich brate das Fleisch im Backofen bei Niedrigtemperatur.)*

la **cuisinière** *(Herd)*
  une cuisinière à induction *(Induktionsherd)*
  chauffer l'eau sur la cuisinière *(das Wasser auf dem Herd warm machen)*

le **frigidaire** *(Kühlschrank)*
  mettre le beurre au frigidaire *(die Butter in den Kühlschrank legen)*

le **congélateur** *(Gefrierschrank)*
  mettre la viande au congélateur *(das Fleisch in den Gefrierschrank legen)*

le **gril** *(Grill)*
  mettre les saucisses sur le gril *(die Würstchen auf den Grill legen)*

griller *(grillen)*
  griller les saucisses *(die Würstchen grillen)*

le **grille-pain** *(Toaster)*
  mettre les tranches dans le grille-pain *(die Scheiben in den Toaster tun)*

mélanger *(verrühren, vermischen)*
  bien mélanger le lait *(die Milch gut verrühren)*

le **mixer** *(Mixer)*
  mélanger avec le mixer *(mit dem Mixer verrühren)*

la **marmite** *(Kochtopf)*
  mettre les carottes dans la marmite *(die Karotten in den Topf tun)*

la **poêle** *(Pfanne)*
  cuire le poisson dans la poêle *(den Fisch in der Pfanne braten)*

---

une **assiette** *(Teller)*
  manger une assiette de spaghetti *(einen Teller Spaghetti essen)*

la **cuillère** *(Löffel)*
  Je mange le riz avec la cuillère. *(Ich esse den Reis mit dem Löffel.)*

la **fourchette** *(Gabel)*
  manger les spaghetti avec la fourchette *(die Spaghetti mit der Gabel essen)*

le **couteau** *(Messer)*
  Ce couteau est vraiment super. *(Dieses Messer ist wirklich toll.)*

mettre la table *(den Tisch decken)*

débarrasser la table *(den Tisch abräumen)*

la **vaisselle** *(Geschirr)*

faire la vaisselle *(spülen)*
  faire la vaisselle à la main *(von Hand spülen)*

le **lave-vaisselle** *(Spülmaschine)*
  ranger la vaisselle dans le lave-vaisselle *(das Geschirr in die Spülmaschine einräumen)*

---

la **recette** *(Rezept)*
  une recette de poisson *(ein Fischrezept)*

faire la salade *(den Salat machen)*
  faire une salade de fruits *(einen Obstsalat machen)*

laver la salade *(den Salat waschen)*

couper *(schneiden)*
  couper le fromage en petits morceaux *(den Käse in kleine Stücke schneiden)*

éplucher les pommes de terre *(die Kartoffeln schälen)*

le **vinaigre** *(Essig)*
  mettre un peu de vinaigre dedans *(etwas Essig hineingeben)*

l'**huile** *(f.)* *(Öl)*
  J'ai mis trop d'huile dans la salade. *(Ich habe zu viel Öl in den Salat getan.)*

le **poivre** *(Pfeffer)*
  mettre un peu de poivre *(etwas Pfeffer hineintun)*

ajouter *(hinzufügen)*
  ajouter un peu de sel *(etwas Salz hinzufügen)*

---

le **gâteau** *(Kuchen)*
  faire un gâteau de fromage *(einen Käsekuchen backen)*

la **crème** *(Sahne)*
  avec beaucoup de crème *(mit viel Sahne)*

10 Gesundheit, Krankheit, Sucht

10.1 Gesundheit, Krankheit, Unfall

Gesundheit

la **santé** *(Gesundheit)*
  faire quelque chose pour sa santé *(etwas für seine Gesundheit tun)*

être en bonne santé *(gesund sein)*

Il va très bien. *(Es geht ihm sehr gut.)*

Elle va mieux. *(Es geht ihr besser.)*

se sentir bien *(sich wohl fühlen)*
  Elle se sent très bien. *(Sie fühlt sich sehr wohl.)*

Je ne vais pas bien. *(Mir geht es nicht gut.)*

Je ne me sens pas bien. *(Mir ist nicht gut.)*

J'ai froid. *(Ich friere.)*

J'ai la grippe. *(Ich habe die Grippe.)*

prendre froid *(sich erkälten)*
  J'ai pris froid. *(Ich habe mich erkältet.)*

le **rhume** *(Erkältung)*
  Mon rhume ne passe pas. *(Meine Erkältung geht nicht weg.)*

enrhumé, enrhumée *(erkältet)*
  Je suis enrhumé. *(Ich bin erkältet.)*

tousser *(husten)*
  Il tousse toute la journée. *(Er hustet den ganzen Tag.)*

J'ai de la fièvre. *(Ich habe Fieber.)*

prendre sa température *(Fieber messen)*

une **allergie** *(Allergie)*
  J'ai une allergie au pollen. *(Ich habe eine Pollenallergie.)*

---

la **tête** *(Kopf)*

J'ai mal à la tête. *(Ich habe Kopfschmerzen.)*

J'ai la migraine. *(Ich habe Migräne.)*

la **gorge** *(Hals)*
  J'ai mal à la gorge. *(Ich habe Halsweh.)*

une **oreille** *(Ohr)*
  J'ai mal aux oreilles. *(Ich habe Ohrenschmerzen.)*

le **dos** *(Rücken)*

Le dos me fait mal. *(Der Rücken tut mir weh.)*

la **jambe** *(Bein)*
  Ma jame droite/ gauche me fait mal. *(Mein rechtes/ linkes Bein tut mir weh.)*

le **bras** *(Arm)*

les **douleurs** *(f. pl.)* *(Schmerzen)*
  J'ai des douleurs dans mon bras. *(Ich habe Schmerzen im Arm.)*

un **médicament** *(Medikament)*
  un bon médicament contre le rhume *(ein gutes Medikament gegen die Erkältung)*

Krankheit

malade *(krank)*
  quand on est malade *(wenn man krank ist)*

tomber malade *(krank werden)*
  Il est tombé malade. *(Er ist krank geworden.)*

rendre malade *(krank machen)*
  Le bruit rend malade. *(Der Lärm macht krank.)*

la **maladie** *(Krankheit)*
  une maladie grave *(eine schlimme Krankheit)*

———————————

Il a un cancer. *(Er hat Krebs.)*

Il a le SIDA. *(Er hat Aids.)*

Il a la maladie de Parkinson. *(Er hat Parkinson.)*

Il a la maladie d'Alzheimer. *(Er hat Alzheimer.)*

Il a eu un infarctus. *(Er hat einen Herzinfarkt bekommen.)*

Il a eu une attaque. *(Er hat einen Schlaganfall bekommen.)*

handicapé, handicapée *(behindert)*
Elle a un enfant handicapé. *(Sie hat ein behindertes Kind.)*
faire plus pour les handicapés *(mehr für die Behinderten tun)*

————————————

souffrir de qc *(an etw. leiden)*
Elle souffre d'une maladie incurable. *(Sie leidet an einer unheilbaren Krankheit.)*

la **guérison** *(Heilung)*
Il n'y a pas de guérison. *(Es gibt keine Heilung.)*

guéri, guérie *(geheilt)*
Il est guéri. *(Er ist geheilt.)*

————————————

Il a des problèmes psychiques. *(Er hat psychische Probleme.)*

Il est psychiquement malade. *(Er ist psychisch krank.)*

dépressif, dépressive *(depressiv)*

se suicider *(sich umbringen)*
Il s'est suicidé. *(Er hat sich umgebracht.)*

Unfall

un **accident** *(Unfall)*
J'ai eu un accident. *(Ich habe einen Unfall gehabt.)*

tomber *(fallen)*
Je suis tombé dans l'escalier. *(Ich bin auf der Treppe gefallen.)*
Elle est tombée de vélo. *(Sie ist vom Rad gefallen.)*

se blesser *(sich verletzen)*
Elle s'est blessée à la tête. *(Sie hat sich am Kopf verletzt.)*

blessé, blessée *(verletzt)*
Elle est gravement blessée. *(Sie ist schwer verletzt.)*

se casser qc *(sich brechen)*
Je me suis cassé le bras. *(Ich habe mir den Arm gebrochen.)*

se brûler qc *(sich verbrennen)*
Je me suis brûlé la main. *(Ich habe mir die Hand verbrannt.)*

10.2 Arzt, Krankenhaus

Arzt

le **médecin** *(Arzt)*
aller chez le médecin *(zum Arzt gehen)*

le **docteur** *(Doktor)*
appeler le docteur *(den Doktor rufen)*

le **spécialiste** *(Facharzt)*
consulter un spécialiste *(zu einem Facharzt gehen)*

le **cabinet médical** *(Arztpraxis)*
appeler le cabinet médical *(in der Praxis anrufen)*

prendre rendez-vous *(sich einen Termin geben lassen)*

les **heures de consultations** *(f. pl.) (Sprechstunden)*

――――――――――

le **patient**, la patiente *(Patient/ Patientin)*

traiter les patients *(die Patienten behandeln)*

examiner *(untersuchen)*
Il a tout examiné. *(Er hat alles untersucht.)*

le **médicament** *(Medikament)*
un médicament contre les douleurs *(ein Medikament gegen die Schmerzen)*

prescrire *(verschreiben)*
Il m'a prescrit un antibiotique. *(Er hat mir ein Antibiotikum verschrieben.)*

le **médicament homéopathique** *(homöopathisches Mittel)*

le **médicament naturel** *(Naturheilmittel)*

le **comprimé** *(Tablette)*
  un comprimé contre le mal de tête *(eine Tablette gegen Kopfweh)*

une **ordonnance** *(Rezept)*
  C'est sur ordonnance. *(Das ist auf Rezept.)*

la **pharmacie** *(Apotheke)*
  une pharmacie en ligne *(Online-Apotheke)*

———————————

le **dentiste** *(Zahnarzt)*
  aller chez le dentiste *(zum Zahnarzt gehen)*

J'ai très mal aux dents *(f. pl.). (Ich habe starke Zahnschmerzen.)*

Krankenhaus

un **hôpital** *(Krankenhaus)*
  aller à l'hôpital *(ins Krankenhaus gehen)*

la **clinique** *(Klinik)*
  aller dans une clinique *(in eine Klinik gehen)*

opérer *(operieren)*
  se faire opérer *(sich operieren lassen)*

une **opération** *(Operation)*
  L'opération s'est bien passée. *(Die Operation ist gut verlaufen.)*

un **infirmier**, une infirmière *(Krankenpfleger/ Krankenschwester)*

attraper une infection *(sich eine Infektion holen)*

———————————

Il est dans le coma. *(Er liegt im Koma.)*

mourir *(sterben)*
  Je n'ai pas peur de mourir. *(Ich habe keine Angst vor dem Sterben.)*

mort, morte *(tot, gestorben)*
  Il est mort d'un infarctus. *(Er ist an einem Herzinfarkt gestorben.)*

la **mort** *(Tod)*
    Sa mort a été un choc pour sa famille. *(Sein Tod war ein Schock für seine Familie.)*

10.3 Drogen, Rauchen, Alkohol

se droguer *(Drogen nehmen)*
    Il se drogue. *(Er nimmt Drogen.)*

la **drogue** *(Droge)*
    Il prend des drogues dures. *(Er nimmt harte Drogen.)*

consommer *(konsumieren)*
    consommer des drogues dures *(harte Drogen konsumieren)*

la **consommation de drogues** *(der Drogenkonsum)*
    la consommation de drogues chez les jeunes *(der Drogenkonsum bei den Jugendlichen)*

drogué, droguée *(drogenabhängig)*
    le nombre des drogués *(die Zahl der Drogenabhängigen)*

rendre qn dépendant *(jdn abhängig machen)*
    Le cannabis peut rendre dépendant. *(Cannabis kann abhängig machen.)*

une **overdose** *(Überdosis)*
    Il est mort d'une overdose. *(Er ist an einer Überdosis gestorben.)*

suivre une thérapie *(eine Therapie machen)*

---

fumer *(rauchen)*
    Défence de fumer. *(Rauchen verboten.)*

commencer à fumer *(mit dem Rauchen anfangen)*

arrêter de fumer *(mit dem Rauchen aufhören)*

interdire *(verbieten)*
    Il est interdit de fumer dans les restaurants. *(Es ist verboten, in den Gaststätten zu rauchen.)*

le **fumeur**, la fumeuse *(Raucher/ Raucherin)*
  les fumeurs de cigarettes *(die Zigarettenraucher)*

le **danger** *(Gefahr)*
  les dangers du tabac *(die Gefahren des Rauchens)*

—————————————

l'**alcool** *(m.) (Alkohol)*
  boire de l'alcool *(Alkohol trinken)*
  Je ne bois pas d'alcool. *(Ich trinke keinen Alkohol.)*
  avoir des problèmes d'alcool *(Alkoholprobleme haben)*

alcoolique *(alkoholisch, Alkoholiker)*
  Il est alcoolique. *(Er ist Alkoholiker.)*

une boisson non alcoolisée *(ein alkoholfreies Getränk)*

11 Wohnen

11.1 Haus, Wohnung

la **maison** *(Haus)*
 à la maison *(zu Hause, nach Hause)*

une **entrée** *(Eingang)*
 à l'entrée de la maison *(am Eingang des Hauses)*

un **immeuble** *(Gebäude)*
 un immeuble de quatre étages *(ein vierstöckiges Gebäude)*

un **appartement** *(Wohnung)*
 un appartement de trois pièces *(eine Dreizimmerwohnung)*

le **logement** *(Wohnung)*
 un logement meublé *(eine möblierte Wohnung)*

le **studio** *(Apartment, Einzimmerwohnung)*
 Mon studio fait 35m². *(Mein Apartment hat 35 m².)*

habiter *(wohnen)*
 J'habite au centre ville. *(Ich wohne im Stadtzentrum.)*

loger *(wohnen)*
 loger à l'hôtel *(im Hotel wohnen)*
 Il loge chez son amie. *(Er wohnt bei seiner Freundin.)*

un **étage** *(Stockwerk, Etage)*
 J'habite au trosième étage. *(Ich wohne im 3. Stock.)*

le **rez-de-chaussée** *(Erdgeschoss)*
 Le logement se trouve au rez-de-chaussée. *(Die Wohnung befindet sich im Erdgeschoss.)*

un **escalier** *(Treppe)*
 prendre l'escalier *(die Treppe nehmen)*

monter *(hinaufgehen, -fahren)*
 monter par l'escalier *(die Treppe hochsteigen)*

un **ascenseur** *(Aufzug)*
 prendre l'ascenseur *(mit dem Aufzug fahren)*
 monter par l'ascenseur *(mit dem Aufzug hochfahren)*

la **cave** *(Keller)*
 aller à la cave *(in den Keller gehen)*
 Je n'ai pas de cave. *(Ich habe keinen Keller.)*

descendre *(hinuntergehen, -fahren)*
 descendre à la cave *(in den Keller hinuntergehen)*
 descendre par l'ascenseur *(mit dem Aufzug hinunterfahren)*

---

la **terrasse** *(Terrasse)*
 sur la terrasse *(auf der Terrasse)*

le **balcon** *(Balkon)*
 Il est assis au balcon. *(Er sitzt auf dem Balkon.)*

le **garage** *(Garage)*
 Je n'ai pas de garage. *(Ich habe keine Garage.)*

le **jardin** *(Garten)*
 Nous avons un petit jardin. *(Wir haben einen kleinen Garten.)*

le **voisin**, la voisine *(Nachbar/ Nachbarin)*
 Nous avons un bon contact avec nos voisins. *(Wir haben einen guten Kontakt zu unseren Nachbarn.)*

---

louer *(mieten)*
 louer un appartement *(eine Wohnung mieten)*

le **loyer** *(Miete)*
 Le loyer est très élevé. *(Die Miete ist sehr hoch.)*

déménager *(umziehen)*
 Nous avons déménagé. *(Wir sind umgezogen.)*

11.2 Wohnung, Einrichtung

la **pièce** *(Zimmer, Raum)*
 un appartement de trois pièces *(eine Dreizimmerwohnung)*

la **place** *(Platz)*
 Nous avons beaucoup de place ici. *(Wir haben viel Platz hier.)*
 Il n'y a pas assez de place. *(Es gibt nicht genug Platz.)*

la **chambre** *(Schlafzimmer, Zimmer mit Bett)*
 la chambre d'enfants *Kinderzimmer)*

le **lit** *(Bett)*
 aller au lit *(ins Bett gehen)*

une **armoire** *(Schrank)*
 mettre les affaires dans l'armoire *(die Sachen in den Schrank legen)*

la **chambre d'amis** *(Gästezimmer)*
 dormir dans la chambre d'amis *(im Gästezimmer schlafen)*

la **salle de séjour** *(Wohnzimmer)*

le **fauteuil** *(Sessel)*
 s'installer dans le fauteuil *(sich in den Sessel setzen)*

le **canapé** *(Sofa, Couch)*
 se mettre sur le canapé *(sich auf die Couch setzen)*

la **salle à manger** *(Esszimmer)*

le **bureau** *(Arbeitszimmer)*

la **cuisine** *(Küche)*

_____

une **salle de bains** *(Bad, Badezimmer)*
 La salle de bains est en haut. *(Das Bad ist oben.)*
 se laver les mains dans la salle de bains *(sich die Hände im Badezimmer waschen)*

un **bain** *(Bad)*
 prendre un bain *(ein Bad nehmen, baden)*

une **baignoire** *(Badewanne)*

la **douche** *(Dusche)*
 prendre une douche *(duschen)*

laver *(waschen)*
 se laver les mains *(sich die Hände waschen)*

le **lavabo** *(Waschbecken)*
 se laver les mains au lavabo *(sich die Hände im Waschbecken waschen)*

les **W.-C.** *(m. pl.)* *(Toilette)*
    aller aux W.-C. *(auf die Toilette gehen)*

le **deuxième WC** *(Gästetoilette)*
    Le deuxième WC est en bas. *(Die Gästetoilette ist unten.)*

les **toilettes** *(f. pl.)* *(Toilette)*
    aller aux toilettes *(auf die Toilette gehen)*

----

la **porte** *(Tür)*
    ouvrir la porte *(die Tür öffnen)*

la **clé** *(Schlüssel)*
    fermer la porte à clé *(die Tür abschließen)*

sonner *(klingeln)*
    On sonne. *(Es klingelt.)*

la **fenêtre** *(Fenster)*
    fermer la fenêtre *(das Fenster schließen)*
    regarder par la fenêtre *(aus dem Fenster schauen)*

----

le **tapis** *(Teppich)*

la **lampe** *(Lampe)*
    une lampe de bureau *(Schreibtischlampe)*
    une lampe de poche *(Taschenlampe)*

allumer *(einschalten)*
    allumer la lampe *(die Lampe anmachen)*

éteindre *(ausschalten)*
    éteindre la lampe *(die Lampe ausmachen)*

la **lumière** *(Licht)*
    allumer la lumière *(das Licht einschalten)*

le **tableau** *(Bild)*

la **glace** *(Spiegel)*
    se regarder dans la glace *(sich im Spiegel betrachten)*

----

le **chauffage** *(Heizung)*
Nous avons un chauffage solaire. *(Wir haben eine Solarheizung.)*

l'**électricité** *(f.)* *(Strom)*
Le ventilateur consomme beaucoup d'électricité. *(Der Ventilator verbraucht viel Strom.)*

le **gaz** *(Gas)*
Nous avons un chauffage au gaz. *(Wir haben eine Gasheizung.)*

11.3 Haushalt

faire le ménage *(die Wohnung putzen und aufräumen)*

la **femme de ménage** *(Putzfrau)*

passer l'aspirateur *(m.)* *(Staub saugen)*

nettoyer *(sauber machen, putzen)*
nettoyer les fenêtres *(die Fenster putzen)*

faire le lit *(das Bett machen)*

faire la lessive *(die Wäsche waschen)*

la **machine à laver** *(Waschmaschine)*

le **linge** *(Wäsche)*

sale *(schmutzig)*
le linge sale *(die schmutzige Wäsche)*

propre *(sauber)*
Tout est très propre. *(Alles ist sehr sauber.)*

le **sèche-linge** *(Wäschetrockner)*

repasser le linge *(die Wäsche bügeln)*

la **poubelle** *(Mülleimer)*

La machine ne marche pas. *(Die Maschine läuft nicht.)*

fonctionner *(funktionieren, laufen)*
Elle ne fonctionne pas. *(Sie funktioniert nicht.)*

être en panne *(kaputt sein)*
   Elle est en panne. *(Sie ist kaputt.)*

tomber en panne *(kaputt gehen)*
   Elle est tombée en panne. *(Sie ist kaputt gegangen.)*

12 Kleidung und Einkaufen

12.1 Kleidung

les **vêtements** *(m. pl.) (Kleidung)*
  acheter des vêtements de sport *(Sportkleidung kaufen)*

un **pantalon** *(Hose)*
  un pantalon d'été *(Sommerhose)*

un **jean** *(Jeans)*
  porter un jean blanc *(weiße Jeans tragen)*

un **short** *(Shorts)*
  un short de bain *(Badeshorts)*

un **t-shirt** *(T-Shirt)*

un **sweat-shirt** *(Sweatshirt)*

un **pull(-over)** *(Pullover)*
  un pull en cachemire *(Cashmere Pullover)*

une **veste** *(Jacke)*
  une veste en laine *(Strickjacke)*

une **chemise** *(Hemd)*
  une chemise en jean *(Jeanshemd)*

un **polo** *(Polohemd)*
  un polo avec logo *(Polohemd mit Logo)*

un **survêtement** *(Trainingsanzug)*

un **jogging** *(Jogginganzug)*
  mettre un jogging *(einen Jogginganzug anziehen)*

un **costume** *((Herren-)Anzug)*
  un costume pour tous les jours *(ein Anzug für den Alltag)*

───────────────

une **robe** *(Kleid)*
  une robe du soir *(Abendkleid)*

une **jupe** *(Rock)*
  une jupe en cuir *(Lederrock)*

une **mini-jupe** *(Minirock)*
  une mini-jupe noire *(ein schwarzer Minirock)*

un **chemisier** *(Bluse)*
  un chemisier très chic *(eine sehr schicke Bluse)*

un **tailleur** *((Damen-)Kostüm)*

---

mettre *(anziehen)*
  J'ai mis mon nouveau pantalon. *(Ich habe meine neue Hose angezogen.)*

enlever *(ausziehen)*
  enlever sa chemise *(sein Hemd ausziehen)*

s'habiller *(sich anziehen)*
  Je me suis vite habillé(e). *(Ich habe mich schnell angezogen.)*

se déshabiller *(sich ausziehen)*
  Il s'est déshabillé. *(Er hat sich ausgezogen.)*

nu, nue *(nackt)*
  Elle est toute nue. *(Sie ist ganz nackt.)*

porter *(tragen)*
  porter des vêtements de tennis *(Tenniskleidung tragen)*

changer de qc *(etw. wechseln)*
  Il change de chemise chaque jour. *(Er wechselt jeden Tag sein Hemd.)*

se changer *(sich umziehen)*
  Je vais me changer. *(Ich gehe mich umziehen.)*
  Je me suis changé(e). *(Ich habe mich umgezogen.)*

---

un **manteau** *(Mantel)*
  un manteau en laine *(Wollmantel)*

un **imperméable** *(Regenmantel)*

un **blouson** *(Blouson, Jacke)*
  un blouson en cuir *(Lederjacke)*

un **anorak** *(Anorak)*
  un anorak de ski *(Skianorak)*

une **poche** *(Tasche)*
   mettre les mains dans la poche *(die Hände in die Hosentasche stecken)*

_____

un **chapeau** *(Hut)*
   porter un chapeau *(einen Hut tragen)*

une **casquette** *(Mütze)*
   une casquette de baseball *(Baseballmütze)*

un **bonnet** *(Strickmütze)*
   un bonnet en laine *(Wollmütze)*

_____

un **slip** *(Slip)*

un **soutien-gorge** *(BH)*

des **chaussettes** *(f. pl.) (Socken)*
   des chaussettes en coton *(Baumwollsocken)*

un **collant** *(Strumpfhose)*

un **pyjama** *(Schlafanzug)*

_____

un **slip de bain** *(Badehose)*

un **bikini** *(Bikini)*

un **maillot de bain** *(Badeanzug)*

_____

des **chaussures** *(f. pl.) (Schuhe)*
   des chaussures de sport *(Sportschuhe)*

une **paire de chaussures** *(ein Paar Schuhe)*

des **tennis** *(m. pl.) (Turnschuhe)*
   acheter une paire des tennis *(ein Paar Turnschuhe kaufen)*

des **sandales** *(f. pl.) (Sandalen)*
   des sandales pour l'été *(Sandalen für den Sommer)*

_____

une **cravate** *(Krawatte)*

un **foulard** *(Halstuch)*

une **ceinture** *(Gürtel)*

un **gant** *(Handschuh)*
   mettre des gants chauds *(warme Handschuhe anziehen)*

un **mouchoir** *(Taschentuch)*
   un mouchoir en papier *(Papiertaschentuch)*

les **lunettes** *(f. pl.)* *(Brille)*
   porter des lunettes *(eine Brille tragen)*

les **lunettes de soleil** *(Sonnenbrille)*

un **parapluie** *(Regenschirm)*
   un parapluie pliant *(Klappschirm)*

un **sac** *(Tasche)*
   un sac pour mettre le linge *(ein Beutel für die Wäsche)*
   un sac de sport *(Sporttasche)*

un **sac à main** *(Handtasche)*

un **sac à dos** *(Rucksack)*

12.2 Einkaufen

Einkaufen (allgemein)

acheter *(einkaufen)*
   Je vais m'acheter une voiture d'occasion. *(Ich kaufe mir einen Gebrauchtwagen.)*

faire les courses *(f. pl.)* *(Einkäufe machen, einkaufen)*
   Je vais faire les courses. *(Ich gehe einkaufen.)*

faire des achats *(m. pl.)* *(Einkäufe machen, einkaufen)*
   faire des achats en ligne *(online einkaufen)*

———————————

un **magasin** *(Geschäft, Laden)*
  aller au magasin de sport *(zum Sportgeschäft gehen)*

un **grand magasin** *(Kaufhaus)*
  Il y a eu une explosion dans un grand magasin. *(Es gab eine Explosion in einem Kaufhaus.)*

un **supermarché** *(Supermarkt)*
  Je fais mes courses au supermarché. *(Ich kaufe im Supermarkt ein.)*

un **centre commercial** *(Einkaufszentrum)*
  aller au centre commercial *(zum Einkaufszentrum fahren)*

le **marché** *(Markt)*
  aller au marché *(auf den Markt gehen)*

_____

une **boulangerie** *(Bäckerei)*
  aller à la boulangerie *(zur Bäckerei gehen)*

une **pâtisserie** *(Konditorei)*

une **boucherie** *(Metzgerei)*

une **charcuterie** *(Metzgerei)*

une **épicerie** *(Lebensmittelgeschäft)*

_____

ouvert, ouverte *(geöffnet, offen)*
  Le supermarché est ouvert de 7 heures à 22 heures. *(Der Supermarkt ist von 7 Uhr bis 22 Uhr geöffnet.)*

fermé, fermée *(geschlossen)*
  La boulangerie est fermée. *(Die Bäckerei ist geschlossen.)*

_____

vendre *(verkaufen)*
  vendre sa voiture *(sein Auto verkaufen)*

un **vendeur**, une vendeuse *(Verkäufer/ Verkäuferin)*
  La vendeuse m'a bien conseillé. *(Die Verkäuferin hat mich gut beraten.)*

un **client,** une cliente *(Kunde/ Kundin)*
  Les clients sont contents. *(Die Kunden sind zufrieden.)*

———————————

un **article** *(Artikel)*
  acheter plusieurs articles *(mehrere Artikel kaufen)*

une **bouteille** de ... *(eine Flasche ...)*
  une bouteille de vin *(eine Flasche Wein)*

un **paquet** de ... *(eine Packung ...)*
  un paquet de riz *(eine Packung Reis)*

une **boîte** de ... *(eine Dose ...)*
  une boîte de raviolis *(eine Dose Ravioli)*

un **pot** de ... *(ein Becher ...)*
  un pot de yaourt *(ein Becher Joghurt)*
  un pot de confiture *(ein Glas Marmelade)*

une **tablette** de ... *(eine Tafel ...)*
  une tablette de chocolat *(eine Tafel Schokolade)*

un **morceau** de ... *(ein Stück ...)*
  un morceau de brie *(ein Stück Briekäse)*

un **litre** de ... *(ein Liter ...)*
  un litre de lait *(ein Liter Milch)*

un **kilo** de ... *(ein Kilo ...)*
  un kilo de pommes *(ein Kilo Äpfel)*

un **gramme** de ... *(ein Gramm ...)*
  deux cents grammes de brie *(200 Gramm Briekäse)*

une **tranche** de ... *(eine Scheibe ...)*
  une tranche de fromage *(eine Scheibe Käse)*

la **moitié** de ... *(die Hälfte von ...)*
  la moitié de ce pain *(die Hälfte von diesem Brot)*

———————————

C'est combien? *(Wie viel kostet das?)*

Ça fait combien? *(Wie viel macht das zusammen?)*

Ça coûte combien? *(Wie viel kostet das?)*

coûter *(kosten)*
 Ça coûte cher. *(Das ist teuer.)*
 Ça ne coûte pas cher. *(Das kostet nicht viel.)*

cher, chère *(teuer)*
 Les boissons ne sont pas chères. *(Die Getränke sind nicht teuer.)*

C'est bon marché. *(Das ist billig.)*
 C'est très bon marché. *(Das ist sehr billig.)*

moins cher *(billiger)*
 C'est moins cher que je pensais. *(Das ist billiger als ich dachte.)*

---

le **prix** *(Preis)*
 comparer les prix *(die Preise vergleichen)*

élevé, élevée *(hoch, erhöht)*
 Les prix sont très élevés. *(Die Preise sind sehr hoch.)*

bas, basse *(niedrig)*
 Les prix sont très bas. *(Die Preise sind sehr niedrig.)*

augmenter *(zunehmen, steigen)*
 Les prix ont augmenté. *(Die Preise sind gestiegen.)*

diminuer *(abnehmen, fallen)*
 Les prix ont diminué. *(Die Preise sind gefallen.)*

à prix réduit *(herabgesetzt, ermäßigt)*
 Cet article est à prix réduit. *(Dieser Artikel ist herabgesetzt.)*

une **offre spéciale** *(Sonderangebot)*

---

la **caisse** *(Kasse)*
 aller à la caisse *(zur Kasse gehen)*

payer *(bezahlen)*
 J'ai payé 10 euros. *(Ich habe 10 Euro bezahlt.)*

la **carte bancaire** *(Bankkarte)*
 payer avec la carte bancaire *(mit der Bankkarte bezahlen)*

la **carte de crédit** *(Kreditkarte)*
 payer avec la carte de crédit *(mit der Kreditkarte bezahlen)*

l'**argent** *(m.)* *(Geld)*
beaucoup d'argent *(viel Geld)*

dépenser *(ausgeben)*
J'ai dépensé beaucoup d'argent. *(Ich habe viel Geld ausgegeben.)*

le **porte-monnaie** *(Portemonnaie, Geldbörse)*
Je n'ai plus d'argent dans mon portemonnaie. *(Ich habe kein Geld mehr in meinem Portemonnaie.)*

la **monnaie** *(Kleingeld)*
Je n'ai pas de monnaie. *(Ich habe kein Kleingeld.)*

un **billet de 10 euros** *(ein Zehn-Euro-Schein)*

le **portefeuille** *(Brieftasche)*
Je n'ai pas mon portefeuille sur moi. *(Ich habe meine Brieftasche nicht dabei.)*

Kleidung kaufen

faire du shopping *(shoppen gehen)*
faire du shopping sans se ruiner *(shoppen gehen, ohne sich zu ruinieren)*

une **boutique** *(Boutique, Laden)*
une boutique de vêtements *(Modeladen)*

une **vitrine** *(Schaufenster)*
regarder les vitrines *(sich die Schaufenster anschauen)*

—————————————

un **modèle** *(Modell)*
les nouveaux modèles *(die neuen Modelle)*

nouveau, nouvel, nouvelle; nouveaux *(m. pl.)* *(neu)*

la **collection** *(Kollektion)*
la nouvelle collection *(die neue Kollektion)*

la **mode** *(Mode)*
la mode d'été *(die Sommermode)*
la mode d'hiver *(die Wintermode)*

une **création** *(Kreation)*
les nouvelles créations *(die neuen Kreationen)*

---

grand, grande *(groß)*
trop grand *(zu groß)*

petit, petite *(klein)*
trop petit *(zu klein)*

long, longue *(lang)*
trop long *(zu lang)*

court, courte *(kurz)*
trop court *(zu kurz)*

large *(weit, breit)*
trop large *(zu weit)*

étroit, étroite *(eng)*
trop étroit *(zu eng)*

---

une **couleur** *(Farbe)*
Comment trouvez-vous cette couleur? *(Wie finden Sie diese Farbe?)*
Cette couleur ne me plaît pas. *(Diese Farbe gefällt mir nicht.)*

en couleurs *(farbig)*
une chemise en couleurs chaudes *(ein Hemd in warmen Farben)*

rouge *(rot)*
Le rouge vous va très bien. *(Das Rot steht Ihnen sehr gut.)*

blanc, blanche *(weiß)*
Le blanc ne me va pas. *(Das Weiß steht mir nicht.)*

noir, noire *(schwarz)*

vert, verte *(grün)*

bleu, bleue *(blau)*

jaune *(gelb)*

gris, grise *(grau)*

uni, unie *(uni, einfarbig)*

---

chic *(schick)*
une robe très chic *(ein sehr schickes Kleid)*

élégant, élégante *(elegant)*
C'est très élégant. *(Das ist sehr elegant.)*

confortable *(bequem)*
La robe est très confortable. *(Das Kleid ist sehr bequem.)*

léger, légère *(leicht, luftig)*
une robe légère *(ein luftiges Kleid)*

chaud, chaude *(warm)*
un manteau chaud *(ein warmer Mantel)*

Ça vous va très bien. *(Das steht Ihnen sehr gut.)*
Ça ne me va pas. *(Das steht mir nicht.)*

qc va bien avec qc *(etw. passt gut zu etw.)*
Ce t-shirt va bien avec mon pantalon. *(Dieses T-Shirt passt gut zu meiner Hose.)*

la **qualité** *(Qualität)*
C'est de très bonne qualité. *(Das ist von sehr guter Qualität.)*

pas très pratique *(unpraktisch)*
Ce n'est pas très pratique. *(Das ist unpraktisch.)*

---

en coton *(m.)* *(aus Baumwolle)*

en laine *(f.)* *(aus Wolle)*

en soie *(f.)* *(aus Seide)*

en cuir *(m.)* *(aus Leder)*

---

essayer *(anprobieren)*
Je peux essayer le pull? *(Kann ich den Pulli einmal anprobieren?)*

une **cabine** *(Kabine)*
aller à la cabine *(zur Kabine gehen)*

13 Stadt, Hotel, Restaurant

13.1 Stadt

une **ville** *(Stadt)*
  la ville de Lyon *(die Stadt Lyon)*
  en ville *(in der Stadt)*

habiter *(wohnen)*
  habiter en ville *(in der Stadt wohnen)*

vivre *(leben)*
  vivre à Lyon *(in Lyon leben)*

la **vieille ville** *(Altstadt)*
  vivre dans la vieille ville *(in der Altstadt leben)*

vieux, **vieil**, **vieille**; **vieux** *(m. pl.) (alt)*
  un vieux magasin *(ein altes Geschäft)*
  un vieil hôtel *(ein altes Hotel)*
  une vieille maison *(ein altes Haus)*

le **centre** *Zentrum)*
  au centre de Paris *(im Zentrum von Paris)*

le **centre-ville** *(Innenstadt, Stadtzentrum)*
  aller au centre-ville *(in die Innenstadt fahren)*

central, centrale *(zentral)*
  C'est très central. *(Das ist sehr zentral.)*

un **quartier** *(Viertel, Wohnviertel, Stadtteil)*
  habiter dans un quartier calme *(in einem ruhigen Wohnviertel
wohnen)*

---

les **environs** *(m. pl.) (Umgebung)*
  aux environs de Paris *(in der Umgebung von Paris)*

la **banlieue** *(die Vororte)*
  habiter en banlieue *(in einem Vorort wohnen)*

---

un **village** *(Dorf)*
  vivre dans un village *(in einem Dorf leben)*

la **campagne** *(Land)* *(im Unterschied zur Stadt)*
  vivre à la campagne *(auf dem Land leben)*

---

la **capitale** *(Hauptstadt)*
  la capitale de la France *(die Hauptstadt Frankreichs)*
  la vie dans la capitale *(das Leben in der Hauptstadt)*

un **habitant** *(Einwohner)*
  les habitants de la France *(die Einwohner Frankreichs)*

---

un **plan de la ville** *(Stadtplan)*

une **rue** *(Straße)*
  dans la rue *(auf der Straße)*

la **rue piétonne** *(Fußgängerzone)*

le **trottoir** *(Bürgersteig)*
  sur le trottoir *(auf dem Bürgersteig)*

une **place** *(Platz)*
  sur la place *(auf dem Platz)*

un **carrefour** *(Kreuzung)*
  au premier carrefour *(an der ersten Kreuzung)*

un **pont** *(Brücke)*
  sur le pont *(auf der Brücke)*

un **chemin** *(Weg)*
  prendre un autre chemin *(einen anderen Weg nehmen)*

un **parc** *(Park*
  un petit parc *(ein kleiner Park)*

---

un **magasin** *Geschäft)*
  un magasin de sport *(Sportgeschäft)*
  un magasin de chaussures *(Schuhgeschäft)*

un **grand magasin** *(Kaufhaus)*

une **boutique** *(Laden)*
   une boutique de mode *(Boutique)*

une **librairie** *(Buchhandlung)*

une **papeterie** *(Scheibwarengeschäft)*

un **bureau de tabac** *(Verkaufsstelle für Tabak, Zeitschriften, Briefmarken)*

une **parfumerie** *(Parfümerie)*

un **pressing** *(Reinigung)*

une **pharmacie** *(Apotheke)*

---

la **poste** *(Post)*
   La poste est fermée. *(Die Post ist geschlossen.)*

une **banque** *(Bank)*
   La banque ouvre à neuf heures. *(Die Bank öffnet um 9 Uhr.)*

l'**hôtel de ville** *(m.)* *(Rathaus)*
   aller à l'hôtel de ville *(zum Rathaus gehen)*

un **commissariat** (**de police**) *(Polizeidienststelle)*
   aller au commissariat de police *(zur Polizei gehen)*

un **hôpital** *(Krankenhaus)*
   aller à l'hôpital *(ins Krankenhaus gehen)*

une **clinique** *(Klinik)*
   une clinique spécialisée *(eine Spezialklinik)*

la **gare** *(Bahnhof)*
   aller à la gare *(zum Bahnhof fahren)*

une **sortie** *(Ausgang)*
   à la sortie de la gare *(am Ausgang des Bahnhofs)*

---

un **cinéma** *(Kino)*
   aller au cinéma *(ins Kino gehen)*

un **théâtre** *(Theater)*
   aller au théâtre *(ins Theater gehen)*

un **musée** *(Museum)*
  aller au musée *(ins Museum gehen)*

une **bibliothèque** *(Bibliothek)*

un **monument** *(Denkmal)*

un **château** *(Schloss)*

---

un **stade** *(Stadion, Sportanlage)*
  aller au stade *(ins Stadion gehen)*

un **terrain de sport** *(Sportplatz)*
  aller au terrain de sport *(zum Sportplatz gehen)*

une **salle de sport** *(Sporthalle)*
  aller à la salle de sport *(zur Sporthalle gehen)*

un **court de tennis** *(Tennisplatz)*
  aller au court de tennis *(zum Tennisplatz gehen)*

une **piscine** *(Schwimmbad)*
  aller à la piscine *(ins Schwimmbad gehen)*

une **piscine couverte** *(Hallenbad)*
  aller à la piscine couverte *(ins Hallenbad gehen)*

13.2 Sehenswürdigkeiten

les **curiosités** *(f. pl.)* *(Sehenswürdigkeiten)*

une **église** *(Kirche)*
  aller à l'église *(in die Kirche gehen)*

une **cathédrale** *(Dom, Kathedrale)*

visiter *(besichtigen)*
  visiter la cathédrale *(die Kathedrale besichtigen)*

une **visite guidée** *(Führung)*
  Il y a une visite guidée à 10 heures. *(Es gibt eine Führung um 10 Uhr.)*

participer à *(teilnehmen an)*
  participer à la visite guidée *(an der Führung teilnehmen)*

l'**entrée** *(f.)* *(Eintritt, Eingang)*
à l'entrée *(am Eingang)*

gratuit, gratuite *(kostenlos)*
L'entrée est gratuite. *(Der Eintritt ist kostenlos.)*

des **monuments** *(m. pl.)* **historiques** *(historische Baudenkmäler)*

un **château** *(Schloss)*

des **ruines** *(f. pl.)* **antiques** *(antike Ruinen)*

un **guide** *(Reiseleiter)*
un guide très compétent *(ein sehr kompetenter Reiseleiter)*

une **excursion** *(Ausflug)*
participer aux excursions *(an den Ausflügen teilnehmen)*

———————————

un **touriste** *(Tourist)*
beaucoup de touristes *(viele Touristen)*

touristique *(Touristen…)*
une ville touristique *(Touristenort)*

le **tourisme** *(Tourismus)*
vivre du tourisme *(vom Tourismus leben)*

un **pays** *(Land)*
des touristes d'autres pays *(Touristen aus anderen Ländern)*

l'**étranger** *(m.)* *(Ausland)*
aller à l'étranger *(ins Ausland fahren)*
Il vit à l'étranger. *(Er lebt im Ausland.)*
Ils viennent de l'étranger. *(Sie kommen aus dem Ausland.)*

un **étranger**, une étrangère *(Ausländer/ Ausländerin)*
beaucoup d'étrangers *(viele Ausländer)*

13.3 Hotel, Unterkunft

un **hôtel** *(Hotel)*
loger à l'hôtel *(im Hotel wohnen)*
un hôtel quatre étoiles *(ein 4-Sterne-Hotel)*

une **chambre** *(Zimmer)*
  une chambre pour une personne *(Einzelzimmer)*
  une chambre pour deux personnes *(Doppelzimmer)*

un **lit** *(Bett)*

une **salle de bains** *(Bad)*

une **douche** *(Dusche)*

un **balcon** *(Balkon)*

une **piscine** *(Schwimmbad)*

calme *(ruhig)*
  un hôtel calme *(ein ruhiges Hotel)*

avec vue sur *(mit Blick auf)*
  avec vue sur la mer *(mit Meerblick)*

---

un **ascenseur** *(Aufzug)*
  prendre l'ascenseur *(den Aufzug nehmen)*

une **clé** *(Schlüssel)*
  la clé de la chambre *(Zimmerschlüssel)*

---

le **petit déjeuner** *(Frühstück)*
  une chambre avec petit déjeuner *(Zimmer mit Frühstück)*

en demi-pension *(mit Halbpension)*
  une chambre en demi-pension *(Zimmer mit Halbpension)*

en pension complète *(mit Vollpension)*

---

une **nuit** *(Nacht)*
  pour deux nuits *(für zwei Nächte)*

réserver *(reservieren)*
  réserver la chambre pour deux nuits *(das Zimmer für zwei Nächte reservieren)*

annuler *(stornieren)*

la **réservation** *(Reservierung)*
  annuler la réservation *(die Reservierung stornieren)*

un **appartement de vacances** *(Ferienwohnung)*

louer *(mieten)*
  louer un appartement de vacances *(eine Ferienwohnung mieten)*

une **maison de vacances** *(Ferienhaus)*

un **chalet** *(Chalet)*
  un chalet à la montagne *(ein Chalet in den Bergen)*

une **auberge de jeunesse** *(Jugendherberge)*

un **club de vacances** *(Ferienklub)*

13.4 Restaurant

un **restaurent** *(Restaurant)*
  aller manger au restaurant *(ins Restaurant essen gehen)*

réserver une table *(einen Tisch reservieren)*

la **carte** *(Speisekarte)*
  manger à la carte *(à la carte essen)*

apporter *(bringen)*
  Vous m'apportez la carte, s'il vous plaît? *(Bringen Sie mir bitte die Speisekarte?)*

la **carte des vins** *(Weinkarte)*

le **menu** *(Menü)*
  un menu à prix fixe *(Tagesmenü)*
  Je prends le menu numéro deux. *(Ich nehme das Menü Nr. 2.)*

choisir *(wählen)*
  choisir le menu à 49 euros *(das Menü zu 49 Euro wählen)*

au choix *(nach Wahl)*

un **plat** *(Gericht, Speise)*
  trois plats au choix *(drei Gerichte nach Wahl)*

le **plat du jour** *(Tagesgericht)*
  Je voudrais le plat du jour. *(Ich hätte gern das Tagesgericht.)*

conseiller *(empfehlen)*
Vous pouvez nous conseiller quelque chose? *Können Sie uns etwas empfehlen?)*

commander *(bestellen)*

———————————

le **potage** *(Suppe)*
un potage aux tomates *(Tomatensuppe)*
un potage aux légumes *(Gemüsesuppe)*

une **soupe** *(Suppe)*
une soupe de légumes *(Gemüsesuppe)*

une **salade** *(Salat)*
une salade niçoise *(gemischter Salat)*

la **viande** *(Fleisch)*
Comme viande, je prends … *(Als Fleisch nehme ich …)*

un **steak** *(Steak)*

une **spécialité** *(Spezialität)*
une spécialité de la région *(eine Spezialität der Region)*

typique de *(typisch für)*
C'est typique de la région. *(Das ist typisch für die Region.)*

un **dessert** *(Nachtisch, Dessert)*

un **gâteau** *(Kuchen)*

une **tarte** *(Obstkuchen)*

une **glace** *(Eis)*
une glace à la vanille *(Vanilleeis)*
une glace au chocolat *(Schokoladeneis)*

l'**addition** *(f.) (Rechnung)*
Je peux avoir l'addition, s'il vous plaît? *(Kann ich bitte die Rechnung haben?)*

14 Verkehr, Verkehrsmittel

14.1 Verkehr

la **circulation** *(Verkehr)*
Il y a beaucoup de circulation. *(Es gibt viel Verkehr.)*

une **voiture** *(Auto)*
J'y vais en voiture. *(Ich fahre mit dem Auto dorthin.)*
une voiture d'occasion *(Gebrauchtwagen)*

une **auto** *(Auto)*
J'y vais en auto. *(Ich fahre mit dem Auto dorthin.)*
laver son auto *(sein Auto waschen)*

un, une **automobiliste** *(Autofahrer/ Autofahrerin)*

un **camion** *(Lastwagen)*

---

une **moto** *(Motorrad)*
Il va en moto au bureau. *(Er fährt mit dem Motorrad zum Büro.)*

une **mobylette** *(Mofa)*
J'y vais en mobylette. *(Ich fahre mit dem Mofa dorthin.)*

un **vélo** *(Fahrrad)*
Je vais en vélo au travail. *(Ich fahre mit der Fahrrad zur Arbeit.)*

une **bicyclette** *(Fahrrad)*
Je vais à bicyclette à la gare. *(Ich fahre mit dem Rad zum Bahnhof.)*

---

aller *(fahren)*
aller à Paris *(nach Paris fahren)*

aller en voiture à Paris *(mit dem Auto nach Paris fahren)*
aller en vélo à l'école *(mit dem Rad zur Schule fahren)*
aller en bus au travail *(mit dem Bus zur Arbeit fahren)*

---

une **rue** *(Straße) (in einer Ortschaft/ Stadt)*
dans la rue *(auf der Straße)*

une **route** *(Straße, Landstraße) (zwischen Ortschaften)*
sur la route

———————————

un **carrefour** *(Kreuzung)*
au premier carrefour *(an der 1. Kreuzung)*

un **feu** (**rouge**) *(Ampel)*
au deuxième feu *(an der 2. Ampel)*

un **virage** *(Kurve)*
dans un virage *(in einer Kurve)*

dépasser *(überholen)*
dépasser un camion *(einen LKW überholen)*

freiner *(bremsen)*
freiner brusquement *(plötzlich bremsen)*

s'arrêter *(anhalten)*
sans s'arrêter *(ohne anzuhalten)*

———————————

continuer tout droit *(geradeaus weiterfahren)*

tourner à droite *(rechts abbiegen)*

tourner à gauche *(links abbiegen)*

prendre la première rue à droite *(die 1. Straße rechts nehmen)*

traverser *(überqueren)*
traverser la place *(den Platz überqueren)*
traverser le pont *(über die Brücke gehen/ fahren)*

passer devant (+ *Gebäude*) *(vorbeifahren/ vorbeigehen an ...)*
passer devant le théâtre *(an dem Theater vorbeifahren)*

aller jusqu'à *(gehen/ fahren bis zu)*
aller jusqu'à l'église *(bis zur Kirche gehen/ fahren)*

continuer jusqu'à *(weitergehen/ fahren bis zu)*
continuer jusqu'au deuxième feu *(bis zur 2. Ampel weiterfahren)*

———————————

rouler *(fahren) (Geschwindigkeit Fahrzeug)*
La voiture a roulé trop vite. *(Das Auto ist zu schnell gefahren.)*
rouler lentement *(langsam fahren)*

la **vitesse** *(Geschwindigkeit)*
partir à toute vitesse *(in aller Eile wegfahren)*

limité, limitée *(begrenzt)*
La vitesse est limitée à 30 km/h. *(Die Geschwindigkeit ist auf 30 km/h begrenzt.)*

une **autoroute** *(Autobahn)*
prendre l'autoroute *(die Autobahn nehmen)*
sur l'autoroute *(auf der Autobahn)*

un **bouchon** *(Stau)*
Il y a souvent des bouchons. *(Es gibt oft Staus.)*

_____

conduire *(fahren) (Fähigkeit)*
Elle conduit très bien. *(Sie fährt sehr gut.)*
Je n'aime pas conduite la nuit. *(Ich fahre nicht gern bei Nacht.)*

un **conducteur**, une conductrice *(Fahrer/ Fahrerin)*
le conducteur de la voiture *(der Fahrer des Wagens)*
le conducteur d'autobus *(der Busfahrer)*

le **permis de conduire** *(Führerschein)*
passer son permis de conduire *(den Führerschein machen)*

_____

se garer *(parken)*
Il est difficile de se garer en ville. *(Es ist schwer, in der Stadt zu parken.)*
chercher une place pour se garer *(einen Parkplatz suchen)*
Je me gare devant la poste. *(Ich parke vor der Post.)*

un **parking** *(Parkplatz)*
Je me gare sur le parking du supermarché. *(Ich parke auf dem Parkplatz des Supermarktes.)*
Le parking est gratuit. *(Der Parkplatz ist kostenlos.)*

un **parking souterrain** *(Tiefgarage)*

_____

une **station-service** *(Tankstelle)*

l'**essence** *(f.)* *(Benzin)*

prendre de l'essence *(tanken)*

faire le plein *(voll tanken)*

---

tomber en panne *(eine Panne haben)*

le **moteur** *(Motor)*
   Le moteur est tombé en panne. *(Es gibt eine Motorpanne.)*

réparer *(reparieren)*
   réparer la voiture *(das Auto reparieren)*

une **réparation** *(Reparatur)*
   La réparation a duré deux jours. *(Die Reparatur hat 2 Tage gedauert.)*

un **garage** *(Werkstatt)*
   J'ai laissé la voiture au garage. *(Ich habe den Wagen in der Werkstatt gelassen.)*

---

un **accident** *(Unfall)*
   J'ai eu un accident. *(Ich hatte einen Unfall.)*

un **accident de la route** *(Verkehrsunfall)*
   Il y a eu un accident de la route. *(Es gab einen Verkehrsunfall.)*

la **police** *(Polizei)*
   appeler la police *(die Polizei rufen)*

un **agent** (**de police**) *(Polizist)*

contrôler *(kontrollieren)*

les **papiers** *(m. pl.)* *(Papiere)*
   contrôler les papiers *(die Papiere kontrollieren)*

la **carte d'identité** *(Personalausweis)*

un **blessé**, une blessée *(Verletzter/ Verletzte)*
   Il y a eu deux blessés. *(Es gab zwei Verletzte.)*

une **ambulence** *(Krankenwagen)*

transporter *(transportieren)*
transporter les blessés à l'hôpital *(die Verletzten ins Krankenhaus bringen)*

---

la **ceinture de sécurité** *(Sicherheitsgurt)*
attacher sa ceinture de sécurité *(sich anschnallen)*
Il n'avait pas attaché sa ceinture de sécurité. *(Er war nicht angeschnallt.)*

un **système de navigation** *(Navigationssystem)*
J'ai un problème avec mon système de navigation. *(Ich habe ein Problem mit meinem Navigationssystem.)*

14.2 Öffentliche Verkehrsmittel

Bus, Taxi, Metro

un **autobus** *(Autobus)*
prendre l'autobus *(den Bus nehmen)*

un **bus** *(Bus)*
aller en bus au travail *(mit dem Bus zur Arbeit fahren)*

un **arrêt d'autobus** *(Bushaltestelle)*
aller à l'arrêt d'autobus *(zur Bushaltestelle gehen)*

attendre *(warten auf)*
attendre le bus *(auf den Bus warten)*

rater *(verpassen)*
rater le bus *(den Bus verpassen)*

monter dans *(einsteigen in)*
monter dans le bus *(in den Bus steigen)*
monter dans la voiture *(in das Auto einsteigen)*

descendre de *(aussteigen aus)*
descendre de la voiture *(aus dem Auto steigen)*
descendre du bus *(aus dem Bus steigen)*

---

un **car** *(Überland-Bus, Reisebus)*
    un car scolaire *(Schulbus)*
    Il va à l'école en car scolaire. *(Er fährt mit dem Schulbus zur Schule.)*

---

un **taxi** *(Taxi)*
    appeler un taxi *(ein Taxi rufen)*
    prendre le taxi *(das Taxi nehmen)*
un **chauffeur de taxi** *(Taxifahrer)*

---

le **métro** *(Metro, U-Bahn)*
    prendre le métro *(die U-Bahn nehmen)*
    Je vais en métro au travail. *(Ich fahre mit der U-Bahn zur Arbeit.)*
une **station de métro** *(Metrostation)*
la **ligne de métro** *(Metrolinie)*
un **ticket** *(Fahrkarte)*
    un ticket de métro *(Metrofahrkarte)*
    un ticket de bus *(Busfahrschein)*
un **carnet de tickets** *(Fahrscheinheft)*
un **distributeur de tickets** *(Fahrkartenautomat)*

Zug

un **train** *(Zug)*
    prendre le train *(den Zug nehmen)*
    aller à Paris en train *(mit dem Zug nach Paris fahren)*
un **compartiment** *(Abteil)*
    un compartiment de première classe *(1. Klasse-Abteil)*
une **place** *(Platz)*
    une place assise *(Sitzplatz)*
réserver *(reservieren)*
    réserver une place *(einen Platz reservieren)*

un **billet** *(Fahrkarte)*
  un billet pour Paris *(eine Fahrkarte nach Paris)*
  prendre un billet *(eine Fahrkarte lösen)*
  acheter le billet en ligne *(die Fahrkarte online kaufen)*

un **aller retour** *(Rückfahrkarte)*
  un aller retour pour Marseille *(eine Rückfahrkarte nach Marseille)*

un **guichet** *(Fahrkartenschalter)*
  aller au guichet *(zum Schalter gehen)*

---

un **horaire** *(Fahrplan)*
  regarder l'horaire des trains *(auf den Zugfahrplan schauen)*

le **départ** *(Abfahrt)*
  Le départ est à 9h30. *(Die Abfahrt ist um halb zehn.)*

partir *(abfahren)*
  Le train part à 9h30. *(Der Zug fährt um halb zehn.)*

l'**arrivée** *(Ankunft)*
  L'arrivée est à 14h15. *(Die Ankunft ist um Viertel nach zwei.)*

arriver *(ankommen)*
  Le train arrive à 14h15. *(Der Zug kommt um Viertel nach zwei an.)*

être en retard *(Verspätung haben)*
  Le train est en retard. *(Der Zug hat Verspätung.)*

changer *(umsteigen)*
  On a cinq minutes pour changer de train. *(Man hat fünf Minuten zum Umsteigen.)*

manquer *(verpassen)*
  manquer le train *(den Zug verpassen)*

la **correspondance** *(Anschlusszug)*
  manquer la correspondance *(den Anschlusszug verpassen)*

15 Ferien, Reisen, Länder

15.1 Ferien

les **vacances** *(f. pl.)* *(Ferien, Urlaub)*
  passer ses vacances en Espagne *(Ferien in Spanien machen)*
  partir en vacances *(in Urlaub fahren)*
  Je suis en vacances du 5 au 19 juillet. *(Ich bin vom 5. - 19. Juli in Urlaub.)*
  Bonnes vacances! *(Schöne Ferien!)*

pendant les vacances *(in den Ferien)*
  Où vas-tu pendant les vacances? *(Wohin fährst du in den Ferien?)*
  Où est-ce que tu es allé(e) pendant les vacances? *(Wo warst du in den Ferien?)*

le **congé** *(Urlaub)*
  Il est en congé pour deux semaines. *(Er ist für zwei Wochen in Urlaub.)*

---

pendant les grandes vacances *(in den großen Ferien)*

pendant les vacances d'été *(in den Sommerferien)*

les **vacances de Pâques** *(Osterferien)*

les **vacances de Noël** *(Weihnachtsferien)*

les **vacances d'hiver** *(Winterferien)*

15.2 Reisen

Reisevorbereitungen

une **agence de voyage en ligne** *(Online-Reisebüro)*

un **catalogue** *(Katalog)*
  le catalogue en ligne *(Online-Katalog)*
  un catalogue des maisons de vacances *(Ferienhauskatalog)*

une **liste** *(Verzeichnis, Liste)*
  une liste des appartements de vacances *(Verzeichnis der Ferienwohnungen)*

un **prospectus** *(Prospekt)*
  un prospectus de l'hôtel *(Hotelprospekt)*

un **guide de voyage** *(Reiseführer)*

une **carte routière** *(Straßenkarte)*
  une carte routière de l'Espagne *(eine Straßenkarte von Spanien)*

réserver un voyage *(eine Reise buchen)*

les **documents** *(m. pl.)* **de voyage** *(Reiseunterlagen)*

annuler la réservation *(die Buchung stornieren)*

---

une **valise** *(Koffer)*
  faire la valise *(den Koffer packen)*

les **bagages** *(m. pl.)* *(Gepäck)*
  avoir trop de bagages *(zu viel Gepäck haben)*

les **bagages à main** *(Handgepäck)*
  mettre le portable dans les bagages à main *(den Laptop ins Handgepäck stecken)*

un **sac** *(Tasche)*
  mettre dans le sac *(in die Tasche packen)*

un **sac de voyage** *(Reisetasche)*

un **trolley** *(Trolley)*
  mettre les vêtements dans le trolley *(die Kleidung in den Trolley packen)*

emporter qc *(etw. mitnehmen)*
  Qu'est-ce qu'on emporte? *(Was sollen wir mitnehmen?)*

Verreisen

partir en voiture *(mit dem Auto wegfahren)*
  partir en avion *(mit dem Flugzeug fliegen)*

un **voyage** *(Reise)*
  partir en voyage *(verreisen)*
  faire un voyage en avion *(eine Flugreise machen)*
  Bon voyage! *(Gute Reise!)*

voyager *(reisen)*
  Nous avons voyagé en Norvège. *(Wir sind nach Norwegen gereist.)*

un **voyageur** *(Reisender)*
  beaucoup de voyageurs *(viele Reisende)*

le **trajet** *(Fahrt, Strecke)*
  le trajet en car *(die Fahrt mit dem Reisebus)*

Flugreise

un **avion** *(Flugzeug)*
  prendre l'avion *(das Flugzeug nehmen)*
  aller à Paris en avion *(mit dem Flugzeug nach Paris fliegen)*

faire un voyage en avion *(eine Flugreise machen)*

voler *(fliegen)*
  Nous avons volé de nuit. *(Wir sind nachts geflogen.)*

le **vol** *(Flug)*
  Le vol a été agréable. *(Der Flug war angenehm.)*

voler avec (+ Fluglinie) *(fliegen mit …)*
  voler avec Air France *(mit Air France fliegen)*

un **voyage tout compris** *(Pauschalreise)*
  réserver un voyage tout compris *(eine Pauschalreise buchen)*

un **voyage de dernière minute** *(eine Last-Minute-Reise*

un **vol charter** *(Charterflug)*
  un vol charter depuis Francfort *(ein Charterflug ab Frankfurt)*

annuler *(streichen, annulieren)*
Le vol a été annulé. *(Der Flug wurde gestrichen.)*

un **aéroport** *(Flughafen)*
emmener qn à l'aéroport *(jdn zum Flughafen bringen)*

Mit dem Schiff fahren

un **bateau** *(Schiff)*
faire un voyage en bateau *(eine Schiffsreise machen)*
voyager en bateau *(mit dem Schiff reisen)*

une **croisière** *(Kreuzfahrt)*
faire une croisière *(eine Kreuzfahrt machen)*

un **bateau de croisière** *(Kreuzfahrtschiff)*
sur le bateau de croisière *(auf dem Kreuzfahrtschiff)*

un **port** *(Hafen)*
arriver au port *(im Hafen ankommen)*

louer un bateau *(ein Hausboot mieten)*

circuler sur le canal *(auf dem Kanal fahren)*

Campingurlaub

faire du camping *(campen)*

un **camping-car** *(Wohnmobil)*
vacances en camping-car *(Urlaub mit dem Wohnmobil)*

une **caravane** *(Wohnwagen)*
vivre en caravane *(im Wohnwagen leben)*

une **tente** *(Zelt)*
coucher sous la tente *(im Zelt schlafen)*

un **camping** *(Campingplatz)*
au camping *(auf dem Campingplatz)*

Ans Meer fahren

la **mer** *(Meer)*

au bord de la mer *(am Meer)*

aller au bord de la mer *(ans Meer fahren)*
 aller au bord de la mer Baltique *(an die Ostsee fahren)*
 aller au bord de la mer du Nord *(an die Nordsee fahren)*

une **île** *(Insel)*
 partir en vacances sur une île *(auf einer Insel Ferien machen)*

sur la côte *(an die Küste/ an der Küste)*

la **plage** *(Strand)*

aller à la plage *(an den Strand gehen)*

être sur la plage *(am Strand liegen)*
 être sur la plage toute la journée *(den ganzen Tag am Strand liegen)*

le **sable** *(Sand)*
 jouer dans le sable *(im Sand spielen)*

aller nager *(schwimmen gehen)*

se baigner *(baden)*
 se baigner dans la mer *(im Meer baden)*

plonger *(tauchen)*

prendre un bain de soleil *(sich sonnen)*

aller bronzer *(sich in die Sonne legen)*

J'ai attrapé un coup de soleil. *(Ich habe einen Sonnenbrand bekommen.)*

les **lunettes de soleil** *(f. pl.) (Sonnenbrille)*
 mettre les lunettes de soleil *(die Sonnenbrille aufsetzen)*

faire du bateau *(Boot fahren)*

faire de la planche à voile *(surfen)*

apprendre à faire qc *(lernen, etw. zu tun)*

faire de la plongée *(tauchen)*
 apprendre à faire de la plongée *(Tauchen lernen)*

faire de la voile *(segeln)*
   apprendre à faire de la voile *(Segeln lernen)*
suivre un cours de voile *(einen Segelkurs machen)*

In die Berge fahren

aller à la montagne *(in die Berge fahren)*

aller dans les Alpes *(in die Alpen fahren)*

une **excursion en montagne** *(Bergwanderung)*

un **guide de montagne** *(Bergfüher)*

escalader une montagne *(auf einen Berg steigen)*

suivre un cours d'escalade *(einen Kletterkurs machen)*

des **randonnées en mountain bike** *(Mountainbike-Touren)*

un **chalet** *(Hütte, Berghütte)*
   passer la nuit dans un chalet *(in einer Berghütte übernachten)*

15.3 Länder, Nationalitäten, Sprachen

la **France** *(Frankreich)*
   en France *(in/ nach Frankreich)*

français, française *(französisch)*
   parler français *(Französisch sprechen)*

l'**Allemagne** *(f.)* *(Deutschland)*
   en Allemagne *(in/ nach Deutschland)*

allemand, allemande *(deutsch)*
   parler allemand *(Deutsch sprechen)*

l'**Angleterre** *(f.)* *(England)*

anglais, anglaise *(englisch)*

l'**Italie** *(f.)* *(Italien)*

italien, italienne *(italienisch)*

l'**Espagne** *(f.)* *(Spanien)*
espagnol, espagnole *(spanisch)*

———————————

la **Belgique** *(Belgien)*
belge *(belgisch)*
l'**Autriche** *(f.)* *(Österreich)*
autrichien, autrichienne *(österreichisch)*
la **Suisse** *(Schweiz)*
suisse *(schweizer)*
la **Grèce** *(Griechenland)*
grec, grecque *(griechisch)*
la **Turquie** *(Türkei)*
turc, turque *(türkisch)*

———————————

la **Suède** *(Schweden)*
suédois, suédoise *(schwedisch)*
la **Norvège** *(Norwegen)*
norvégien, norvégienne *(norwegisch)*
la **Finlande** *(Finnland)*
finlandais, finlandaise *(finnisch)*

———————————

la **Pologne** *(Polen)*
polonais, polonaise *(polnisch)*
la **Russie** *(Russland)*
russe *(russisch)*
la **Chine** *(China)*
chinois, chinoise *(chinesisch)*

———————————

le **Luxembourg** *(Luxemburg)*
   au Luxembourg *in/ nach Luxemburg)*

luxembourgeois, luxembourgeoise *(luxemburgisch)*

le **Portugal** *(Portugal)*

portugais, portugaise *(portugiesisch)*

le **Danemark** *(Dänemark)*
   au Danemark *(in/ nach Dänemark)*

danois, danoise *(dänisch)*

le **Canada** *(Canada)*
   au Canada *(in/ nach Kanada)*

canadien, canadienne *(kanadisch)*

le **Japon** *(Japan)*
   au Japon *(in/ nach Japan)*

japonais, japonaise *(japanisch)*

---

les **États-Unis** *(m. pl.) (USA)*
   aux États-Unis *(in den USA/ in die USA)*

américain, américaine *(amerikanisch)*

les **Pays-Bas** *(m. pl.) (Niederlande)*
   aux Pays-Bas *(in den Niederlanden/ in die Niederlande)*

néerlandais, néerlandaise *(niederländisch)*

---

un **continent** *(Kontinent)*

l'**Europe** *(f.) (Europa)*
   en Europe *(in/ nach Europa)*

européen, européenne *(europäisch)*

l'**Amérique** *(f.) (Amerika)*
   en Amérique *(in/ nach Amerika)*

américain, américaine *(amerikanisch)*

l'**Afrique** *(f.)* *(Afrika)*
en Afrique *(in/ nach Afrika)*

africain, africaine *(afrikanisch)*

l'**Asie** *(f.)* *(Asien)*
en Asie *(in/ nach Asien)*

asiatique *(asiatisch)*

l'**Australie** *(f.)* *(Australien)*
en Australie *(in/ nach Australien)*

australien, australienne *(australisch)*

16 Schule und Studium

16.1 Schule

une **école** *(Schule)*
 aller à l'école *(zur Schule gehen)*

une **école primaire** *(Grundschule)*

le **collège** *(Collège) (Sek .Stufe I)*

une **école intégrée** *(Gesamtschule)*

le **lycée** *(Gymnasium) (Sek. Stufe II)*
 aller au lycée *(aufs Gymnasium gehen)*

le **jardin d'enfants** *(Kindergarten)*
 aller au jardin d'enfants *(in den Kindergarten gehen)*

un, une **élève** *(Schüler/ Schülerin)*
 un bon élève *(ein guter Schüler)*

un, une **professeur** *(Lehrer/ Lehrerin)*
 le professeur d'anglais *(Englischlehrer)*

_____

la **classe** *(Klasse)*
 Les classes sont trop grandes. *(Die Klassen sind zu groß.)*

les **devoirs** *(m. pl.) (Hausaufgaben)*
 Les élèves ont trop de devoirs à faire. *(Die Schüler haben zu viele Hausaufgaben auf.)*

une **note** *(Note)*
 avoir de bonnes notes *(gute Noten haben)*

_____

une **matière** *(Unterrichtsfach, Fach)*
 Ma matière préférée, c'est l'anglais. *(Mein Lieblingsfach ist Englisch.)*

une **langue** *(Sprache)*
 apprendre une langue *(eine Sprache lernen)*

la **langue maternelle** *(Muttersprache)*

---

l'**anglais** *(m.) (Englisch)*
  Il parle très bien anglais. *(Er spricht sehr gut Englisch.)*
le **français** *(Französisch)*
  Le français me plaît beaucoup. *(Französisch gefällt mir sehr gut.)*
  Je fais de l'anglais et du français. *(Ich mache Englisch und Französisch.)*

être bon/ bonne en *(gut sein in)*
  Elle est très bonne en anglais. *(Sie ist sehr gut in Englisch.)*
être mauvais/ mauvaise en *(schlecht sein in)*
  Il est très mauvais en mathématiques. *(Er ist sehr schlecht in Mathematik.)*
être faible en *(schwach sein in)*
  Il est faible en maths. *(Er ist schwach in Mathe.)*

---

apprendre *(lernen)*
  apprendre le français *(Französisch lernen)*
l'**allemand** *(m.) (Deutsch)*
  Vous parlez allemand? *(Sprechen Sie Deutsch?)*
  L'allemand est une langue difficile. *(Deutsch ist eine schwere Sprache.)*
l'**espagnol** *(m.) (Spanisch)*
  avoir une bonne note en espagnol *(eine gute Note in Spanisch haben)*
le **latin** *(Latein)*

---

les **mathématiques** *(f. pl.) (Mathematik)*
  Les mathématiques sont très difficiles. *(Mathematik ist sehr schwer.)*
  avoir des problèmes en maths *(Probleme in Mathe haben)*

l'**informatique** *(f.)* *(Informatik)*

la **physique** *(Physik)*

la **chimie** *(Chemie)*

la **biologie** *(Biologie)*

l'**histoire** *(f.)* *(Geschichte)*

la **géographie** *(Geographie)*

la **philosophie** *(Philosophie)*

la **musique** *(Musik)*

le **sport** *(Sport)*

---

le **bac/ baccalauréat** *(Abitur)*

passer le bac *(das Abitur machen)*

passer un examen *(eine Prüfung machen)*

---

le **cours** *(Unterricht, Unterrichtsstunde)*

le **cours de physique** *(Physikunterricht, Physikstunde)*

durer *(dauern)*

Les cours durent une heure. *(Der Unterricht dauert eine Stunde.)*

le **niveau des cours** *(Unterrichtsniveau)*

bas, basse *(niedrig)*

Le niveau des cours est très bas. *(Das Unterrichtsniveau ist sehr niedrig.)*

avoir cours *(Unterricht haben)*

Il n'y a pas cours. *(Der Unterricht fällt aus.)*

la **récréation** *(Pause)*

---

un **échange (scolaire)** *(Schüleraustausch)*

participer à un échange *(an einem Schüleraustausch teilnehmen)* la **ville jumelée** *(Partnerstadt)*

une **école jumelée** *(Partnerschule)*

un **correspondant**, une correspondante *(Briefpartner/ Briefpartnerin)*

16.2 Studium

les **études** *(f. pl.) (Studium)*
Les études durent quatre ans. *(Das Studium dauert vier Jahre.)*

faire des études *(studieren)*
Elle fait ses études à Munich. *(Sie studiert in München.)*

faire des études d'informatique *(Informatik studieren)*
faire des études de médecine *(Medizin studieren)*

un **semestre** *(Semester)*
Les études durent six semestres. *(Das Studium dauert sechs Semester.)*

un **étudiant**, une étudiante *(Student/ Studentin)*
un étudiant étranger *(ein ausländischer Student)*

une **université** *(Universität)*
aller à l'université *(auf die Universität gehen)*

---

les **études de médecine** *(Medizinstudium)*

obtenir une place à l'université *(einen Studienplatz bekommen)*

limité, limitée *(begrenzt)*
Les places sont limitées. *(Die Studienplätze sind begrenzt.)*

financer *(finanzieren)*
financer ses études *(sein Studium finanzieren)*

commencer *(beginnen)*
commencer ses études *(sein Studium beginnen)*

finir *(beenden)*
finir ses études de médecine *(sein Medizinstudium beenden)*

un **examen** *(Examen, Prüfung)*

passer un examen *(ein Examen machen)*

réussir son examen *(sein Examen bestehen)*
Elle a réussi son examen. *(Sie hat ihr Examen bestanden.)*

un **diplôme en informatique** *(Informatik-Diplom)*
Elle a obtenu un diplôme en physique. *(Sie hat ein Physik-Diplom.)*

17 Berufs- und Arbeitswelt, Wirtschaft

17.1 Berufsausbildung

un **métier** *(Beruf)*
   apprendre un métier *(einen Beruf erlernen)*
   le métier d'infirmière *(der Beruf der Krankenschwester)*

exercer un métier *(einen Beruf ausüben)*

choisir un métier *(einen Beruf wählen)*

Qu'est-ce que tu veux faire comme métier? *(Was willst du beruflich machen?)*

devenir *(werden) (beruflich)*
   Elle veut devenir médecin. *(Sie will Ärztin werden.)*

une **profession** *(Beruf)*
   Quelle est votre profession? *(Was sind Sie von Beruf?)*
   la profession de médecin *(der Arztberuf)*

––––––––––––––––––

l'**avenir** *(m.)* *(Zukunft)*
   à l'avenir *(in der Zukunft)*

un **métier d'avenir** *(ein Beruf mit Zukunft)*

les **perspectives d'avenir** *(f. pl.)* *(die Zukunftsperspektiven)*

––––––––––––––––––

une **formation** *(Ausbildung)*
   une bonne formation *(eine gute Ausbildung)*
   la formation d'ingénieur *(die Ausbildung als Ingenieur)*

la **formation professionnelle** *(Berufsausbildung)*

un **apprentissage** *(Ausbildung, Lehre)*
   l'apprentissage de mécatronicien *(die Ausbildung als Mechatroniker)*
   faire un apprentissage de secrétaire *(eine Ausbildung als Sekretärin machen)*

un **apprenti**, une apprentie *(Auszubildender, Lehrling)*

une **place d'apprentissage** *(Ausbildungsplatz)*
   trouver une place d'apprentissage *(einen Ausbildungsplatz finden)*

---

un **stage** *(Praktikum)*
   faire un stage *(ein Praktikum machen)*
la **période d'essai** *(Probezeit)*

17.2 Einige Berufe

un **acteur**, une actrice *(Schauspieler/ Schauspielerin)*

un **agent de police** *(Polizist/ Polizistin)*

un, une **architecte** *(Architekt/ Architektin)*

une **assistante médicale** *(Arzthelferin)*

un **avocat**, une avocate *(Rechtsanwalt/ Rechtsanwältin)*

un **coiffeur**, une coiffeuse *(Friseur/ Friseurin)*

un **cuisinier**, une cuisinière *(Koch/ Köchin)*

un, une **dentiste** *(Zahnarzt/ Zahnärztin)*

un **éducateur**, une éducatrice *(Erzieher/ Erzieherin)*

un **infirmier**, une infirmière *(Krankenpfleger/ Krankenschwester)*

un **informaticien**, une informaticienne *(Informatiker/ Informatikerin)*

un **ingénieur** *(Ingenieur/ Ingenieurin)*

un, une **journaliste** *(Journalist/ Journalistin)*

un **mannequin** *(Model)*

un **médecin** *(Arzt/ Ärztin)*

un **pharmacien**, une pharmacienne *(Apotheker/ Apothekerin)*

un, une **photographe** *(Fotograf/ Fotografin)*

un, une **pilote** *(Pilot/ Pilotin)*

un **professeur** *(Lehrer/ Lehrerin)*

un **programmeur**, une programmeuse *(Programmierer/ Programmiererin)*

un, une **psychologue** *(Psychologe/ Psychologin)*

une **secrétaire** *(Sekretärin)*

un **vendeur**, une vendeuse *(Verkäufer/ Verkäuferin)*

17.3 Arbeitsbedingungen

un **emploi** *(Arbeitsplatz, Stelle)*
  trouver un emploi *(einen Arbeitsplatz finden)*

un **job** *(Job)*
  Il fait un job de rêve. *(Er macht einen Traumjob.)*

le **travail** *(Arbeit)*
  avoir du travail *(Arbeit haben)*
  Elle n'a pas de travail. *(Sie hat keine Arbeit.)*

bien payé *(gut bezahlt)*
  avoir un emploi bien payé *(einen gut bezahlten Arbeitsplatz haben)*

travailler *(arbeiten)*
  travailler comme cuisinier *(als Koch arbeiten)*

_____

une **qualification** *(Qualifikation)*
  avoir une bonne qualification *(eine gute Qualifikation haben)*
  Il n'a pas de qualification professionnelle. *(Er hat keine berufliche Qualifikation.)*

qualifié, qualifiée *(qualifiziert)*
  Il n'est pas qualifié pour ce poste. *(Er ist nicht qualifiziert für diesen Posten.)*
  être mal qualifié(e) *(schlecht qualifiziert sein)*

_____

travailler à temps partiel *(Teilzeit arbeiten)*

un **emploi à temps partiel** *(Teilzeitstelle)*

les **conditions de travail** *(f. pl.) (Arbeitsbedingungen)*

mal payé *(schlecht bezahlt)*
　un travail mal payé *(eine schlecht bezahlte Arbeit)*

gagner *(verdienen)*
　Elle ne gagne pas beaucoup d'argent. *(Sie verdient nicht viel.)*

gagner plus/ moins que *(mehr/ weniger verdienen als)*
　Les femmes gagnent moins que les hommes. *(Frauen verdienen weniger als Männer.)*

le **salaire** *(Lohn)*
　Les salaires sont très bas. *(Die Löhne sind sehr niedrig.)*

un **salaire minimum** *(Mindestlohn)*
　travailler au salaire minimum *(zum Mindestlohn arbeiten)*

_____

un **minijob** *(Minijob)*
　Elle a un minijob. *(Sie hat einen Minijob.)*

faire des heures supplémentaires *(f. pl.) (Überstunden machen)*

faire quarante heures *(40 Stunden arbeiten)*
　faire quarante heures par semaine *(40 Stunden in der Woche arbeiten)*

_____

perdre son emploi *(seinen Arbeitsplatz verlieren)*

le **chômage** *(Arbeitslosigkeit)*
　Le chômage a augmenté/ a diminué. *(Die Arbeitslosigkeit ist gestiegen/ ist gefallen.)*

être au chômage *(arbeitslos sein)*
　Elle est au chômage. *(Sie ist arbeitslos.)*

17.4 Wirtschaft

l'**économie** *(f.) (Wirtschaft)*
　dans l'économie *(in der Wirtschaft)*

la **situation économique** *(die wirtschaftliche Lage)*

une **crise économique** *(Wirtschaftskrise)*

un **développement** *(Entwicklung)*
  le développement économique *(die wirtschaftliche Entwicklung)*

la **globalisation** *(Globalisierung)*

un **produit** *(Produkt)*

les **produits à bas prix** *(Billigprodukte)*

produire *(produzieren)*
  produire à l'étranger *(im Ausland produzieren)*

produire moins cher *(billiger produzieren)*

la **production** *(Produktion)*

la **concurrence** *(Konkurrenz)*

le **marché** *(Markt)*
  sur le marché *(auf dem Markt)*

le **marché mondial** *(Weltmarkt)*
  sur le marché mondial *(auf dem Weltmarkt)*

les **pays à bas salaire** *(Billiglohnländer)*

importer *(importieren)*
  importer de Chine *(aus China importieren)*

_____

l'**industrie** *(f.)* *(Industrie)*
  travailler dans l'industrie *(in der Industrie arbeiten)*

industriel, industrielle *(industriell)*
  la situation industrielle *(die industrielle Lage)*

une **entreprise** *(Firma, Betrieb, Unternehmen)*

exporter *(exportieren)*

dans le monde entier *(in der ganzen Welt)*
  exporter dans le monde entier *(in die ganze Welt exportieren)*

construire *(bauen)*

une **usine** *(Fabrik, Werk)*
  construire une nouvelle usine *(ein neues Werk errichten)*

créer *(schaffen)*
créer de nouveaux emplois *(neue Arbeitsplätze schaffen)*

fabriquer *(herstellen)*
fabriquer ses produits en Asie *(seine Produkte in Asien herstellen)*

la **fabrication** *(Herstellung)*
La fabrication est moins chère. *(Die Herstellung ist billiger.)*

---

les **travailleurs** *(m. pl.) (Arbeitskräfte)*
des travailleurs étrangers *(ausländische Arbeitskräfte)*

un **ouvrier** *(Arbeiter)*
un ouvrier qualifié *(Facharbeiter)*

avoir besoin de qn *(jdn brauchen)*
On a besoin de travailleurs qualifiés. *(Man braucht qualifizierte Arbeitskräfte.)*

18 Staat, Politik, Gesellschaft

18.1 Staat, Politik (allgemein)

l'**État** *(m.)* *(Staat)*
  le rôle de l'État *(die Rolle des Staates)*

le **pays** *(Land)*
  les pays européens *(die europäischen Länder)*

la **nation** *(Nation)*
  les nations européennes *(die europäischen Nationen)*

national, nationale *(national)*
  au plan national *(auf nationaler Ebene)*

la **nationalité** *(Nationalität)*
  avoir la double nationalité *(die doppelte Staatsangehörigkeit haben)*

la **population** *(Bevölkerung)*

le **gouvernement** *(Regierung)*

le **parlement** *(Parlament)*

une **loi** *(Gesetz)*

_____

la **politique** *(Politik)*
  la politique économique *(Wirtschaftspolitik)*

politique *(politisch)*
  la situation politique *(die politische Lage)*

les **hommes politiques** *(m. pl.)* *(die Politiker)*

le **parti** *(Partei)*

un **programme** *(Programm)*

_____

responsable de *(verantwortlich für)*

une **mesure** *(Maßnahme)*

prendre des mesures pour/ contre *(Maßnahmen ergreifen für/ gegen)*

résoudre les problèmes *(die Probleme lösen)*
  résoudre le problème du chômage *(das Problem der Arbeitslosigkeit lösen)*

réformer *(reformieren)*

une **réforme** *(Reform)*

manifester pour/ contre *(demonstrieren für/ gegen)*

une **manifestation** *(Demonstration)*
  participer à la manifestation *(an der Demonstration teilnehmen)*

organiser *(veranstalten, organisieren)*
  organiser une manifestation *(eine Demonstration veranstalten)*

protester contre *(protestieren gegen)*

s'engager *(sich engagieren)*
  s'engager pour l'écologie *(sich für die Ökologie engagieren)*

lutter pour/ contre *(kämpfen für/ gegen)*

la **lutte contre** *(der Kampf gegen)*

un **changement** *(Veränderung)*
  faire un changement *(eine Veränderung herbeiführen)*

———————

international, internationale *(international)*
  au plan international *(auf internationaler Ebene)*

les **relations** *(f. pl.) (Beziehungen)*
  les relations avec d'autres pays *(die Beziehungen zu anderen Ländern)*

un **conflit** *(Konflikt)*

une **conférence** *(Konferenz)*

une **coopération** *(Zusammenarbeit)*

coopérer *(zusammenarbeiten)*

améliorer *(verbessern)*
  améliorer la coopération *(die Zusammenarbeit verbessern)*

———————

la **guerre** *(Krieg)*
une guerre atomique *(Atomkrieg)*

gagner *(gewinnen)*
gagner la guerre *(den Krieg gewinnen)*

une **armée** *(Armee)*

un **soldat** *(Soldat)*

une **bombe** *(Bombe)*
une bombe atomique *(Atombombe)*

18.2 Kriminalität

la **criminalité** *(Kriminalität)*
La criminalité a augmenté. *(Die Kriminalität hat zugenommen.)*
la criminalité organisée *(die organisierte Kriminalität)*
la criminalité de drogue *(die Drogenkriminalität)*

un **criminel** *(Krimineller, Gewalttäter)*

criminel, criminelle *(kriminell)*
un comportement criminel *(ein kriminelles Verhalten)*
devenir criminel *(gewalttätig werden)*

un **crime** *(Verbrechen)*
un crime grave *(ein schlimmes Verbrechen)*

commettre *(begehen)*
commettre un crime *(ein Verbrechen begehen)*

la **corruption** *(Korruption)*
la lutte contre la corruption *(der Kampf gegen die Korruption)*

---

tuer *(töten)*

assassiner *(ermorden)*

un **meurtre** *(Mord)*
commettre un meurtre *(einen Mord begehen)*

un **assassin** *(Mörder)*

cruel, cruelle *(grausam)*
un crime cruel *(ein grausames Verbrechen)*

kidnapper *(entführen)*

violer *(vergewaltigen)*

———————————

arrêter *(festnehmen)*

accuser *(beschuldigen)*

coupable *(schuldig)*

innocent, innocente *(unschuldig)*

condamner *(verurteilen)*

la **prison** *(Gefängnis)*
mettre en prison *(ins Gefängnis stecken)*
condamner à deux ans de prison *(zu zwei Jahren Gefängnis verurteilen)*

punir *(bestrafen)*

la **punition** *(Bestrafung)*

un **jugement** *(Urteil)*

juste *(gerecht)*
un jugement juste *(ein gerechtes Urteil)*

injuste *(ungerecht)*

———————————

la **violence** *(Gewalt)*

violent, violente *(gewalttätig)*
un comportement violent *(ein gewalttätiges Verhalten)*

résoudre les conflits *(die Konflikte lösen)*
résoudre les conflits par la violence *(Konflikte durch Gewalt lösen)*

l'**agressivité** *(f.) (Aggressivität)*

agressif, agressive *(aggressiv)*
un comportement agressif *(ein aggressives Verhalten)*

attaquer *(überfallen)*

une **attaque** *(Überfall)*

voler *(stehlen, rauben)*

_____

le **terrorisme** *(Terrorismus)*

un **terroriste** *(Terrorist)*

un **groupe terroriste** *(Terrorgruppe)*

le **danger terroriste** *(Terrorgefahr)*

un **attentat terroriste** *(Terroranschlag)*
   commettre un attentat *(einen Anschlag verüben)*

menacer *(drohen)*

une **menace terroriste** *(Terrordrohung)*

prendre qc au sérieux *(etw. ernst nehmen)*

la **sécurité** *(Sicherheit)*
   Il n'y a pas de sécurité absolue. *(Es gibt keine absolute Sicherheit.)*

empêcher *(verhindern)*
   empêcher des attentats terroristes *(Terroranschläge verhindern)*

18.3 Gesellschaftliche Probleme

la **société** *(Gesellschaft)*

social, sociale *(sozial, gesellschaftlich)*
   un problème social *(ein gesellschaftliches Problem)*
   la situation sociale *(die soziale Situation)*

la **vie sociale** *(das soziale Leben)*
   participer à la vie sociale *(am gesellschaftlichen Leben teilnehmen)*

une **couche sociale** *(Gesellschaftsschicht)*

une **inégalité** *(Ungleichheit)*

l'**égalité des chances** *(Chancengleichheit)*
améliorer l'égalité des chances *(die Chancengleichheit verbessern)*

pauvre *(arm)*
Les pauvres sont de plus en plus pauvres. *(Die Armen werden immer ärmer.)*

la **pauvreté** *(Armut)*
tomber dans la pauvreté *(in die Armut abrutschen)*

riche *(reich)*

———————————

un **risque** *(Gefahr, Risiko)*
le risque d'être au chômage *(das Risiko, arbeitslos zu werden)*

les **conditions de vie** *(f. pl.) (Lebensverhältnisse)*
des conditions de vie difficiles *(schwierige Lebensverhältnisse)*

la **qualité de la vie** *(Lebensqualität)*

se sentir solidaire *(sich solidarisch fühlen)*

la **solidarité** *(Solidarität)*

faible *(schwach)*

les **faibles de la société** *(die sozial Schwachen)*

18.4 Zuwanderung, Fremdenfeindlichkeit

l'**immigration** *(f.) (Zuwanderung)*

limiter *(begrenzen)*
limiter l'immigration *(die Zuwanderung begrenzen)*

faciliter *(erleichtern)*
faciliter l'immigration *(die Zuwanderung erleichten)*

les **immigrés** *(m. pl.) (Zuwanderer)*

———————————

les **réfugiés** *(m. pl.)* *(Flüchtlinge)*
   des réfugiés politiques *(politische Flüchtlinge)*
   des réfugiés économiques *(Wirtschaftsflüchtlinge)*

le **problème des réfugiés** *(Flüchtlingsproblem)*

se réfugier *(flüchten)*
   Ils se sont réfugiés. *(Sie sind geflüchtet.)*

pour des raisons politiques *(f. pl.)* *(aus politischen Gründen)*

accueillir *(aufnehmen)*
   accueillir des réfugiés *(Flüchtlinge aufnehmen)*

_____

un **demandeur d'asile** *(m.)* *(Asylbewerber)*

demander l'asile *(Asyl beantragen)*

obtenir l'asile *(Asyl erhalten)*

renvoyer *(zurückschicken)*
   renvoyer les réfugiés dans leur pays *(die Flüchtlinge in ihre Heimat zurückschicken)*

_____

une **attitude** *(Einstellung)*
   avoir une attitude négative envers qn *(eine negative Einstellung gegenüber jdm haben)*

être contre les étrangers *(gegen die Ausländer sein)*

discriminer *(diskriminieren)*

la **discrimination** *(Diskriminierung)*

un **préjugé** *(Vorurteil)*
   avoir un préjugé contre qn *(ein Vorurteil gegen jdn haben)*

intolérant, intolérante envers *(intolerant gegenüber)*

l'**intolérance** *(f.)* *(Intoleranz)*
   les raisons de l'intolérance *(die Gründe für die Intoleranz)*

tolérant, tolérante *(tolerant)*

la **tolérance** *(Toleranz)*

_____

un **racisme** *(Rassismus)*

raciste *(rassistisch)*
  des idées racistes *(rassistische Gedanken)*

exprimer *(äußern, ausdrücken)*
  exprimer des idées racistes *(rassistische Gedanken äußern)*

la haine contre les étrangers *(der Hass auf Ausländer)*
  éprouver de la haine *(Hass empfinden)*

les attaques contre les étrangers *(Übergriffe auf Ausländer)*

un **acte de violence** *(Gewalttat)*
  commettre des actes de violence *(Gewalttaten begehen)*
  des actes de violence contre les étrangers *(ausländerfeindliche Gewalttaten)*

19 Wetter, Klima, Umwelt, Energie

19.1 Wetter, Klima

le **temps** *(Wetter)*

Quel temps fait-il? *(Wie ist das Wetter?)*
  Il fait un temps de chien. *(Es ist ein Mistwetter.)*

Il fait beau. *(Es ist schönes Wetter.)*

Il fait mauvais. *(Es ist schlechtes Wetter.)*

———————————

Il fait chaud. *(Es ist warm.)*

Il fait froid. *(Es ist kalt.)*

le **soleil** *(Sonne)*

Il fait du soleil. *(Es ist sonnig.)*

le **vent** *(Wind)*

Il fait du vent. *(Es ist windig.)*
  Il fait beaucoup de vent. (*Es ist sehr windig.*)

le **brouillard** *(Nebel)*

Il fait du brouillard. *(Es ist neblig.)*
  Il fait beaucoup de brouillard. *(Es ist sehr neblig.)*

un **orage** *(Gewitter)*

Il fait de l'orage. *(Es ist gewittrig.)*

une **tempête** *(Sturm, Unwetter)*
  une tempête violente *(ein heftiger Sturm)*

Il y a une tempête. *(Ein Sturm zieht auf.)*

———————————

Il pleut. *(Es regnet.)*
  Il a plu. *(Es hat geregnet.)*

pleuvoir *(regnen)*
  Il va pleuvoir. *(Es gibt gleich Regen.)*

la **pluie** *(Regen)*
  Nous avons eu très peu de pluie. *(Wir hatten sehr wenig Regen.)*

---

neiger *(schneien)*
  Il neige toute la journée. *(Es schneit den ganzen Tag.)*

la **neige** *(Schnee)*
  Il y a beaucoup de neige. *(Es gibt viel Schnee.)*
  Il n'y a pas de neige. *(Es gibt keinen Schnee.)*

une **tempête de neige** *(Schneesturm)*

Il fait du verglas. *(Es ist Glatteis.)*

---

la **température** *(Temperatur)*
  Quelle est la température? *(Wie ist die Temperatur?)*
  La température a monté. *(Die Temperatur ist gestiegen.)*
  La température a baissé. *(Die Temperatur ist gesunken.)*

Il fait trente degrés. *(Es ist 30 Gad.)*
  Il fait plus deux degrés. *(Es ist plus 2 Grad.)*
  Il fait moins deux degrés. *(Es ist minus 2 Grad.)*

la **météo** *(Wetterbericht)*
  La météo a dit que demain il va faire beau. *(Der Wetterbericht hat gesagt, dass morgen schönes Wetter ist.)*

---

le **climat** *(Klima)*
  Le climat a changé. *(Das Klima hat sich geändert.)*

le **changement climatique** *(Klimawandel)*
  les conséquences du changement climatique *(die Folgen des Klimawandels)*

la **température globale** *(die globale Temperatur)*

un **cyclone** *(Wirbelsturm)*

le **réchauffement de la Terre** *(Erderwärmung)*

se réchauffer *(wärmer werden)*
La Terre se réchauffe. *(Es wird wärmer.)*

la **glace arctique** *(das arktische Eis)*

fondre *(schmelzen)*
La glace fond. *(Das Eis schmilzt.)*

un **glacier** *(Gletscher)*
Les glaciers fondent. *(Die Gletscher schmelzen.)*

une **inondation** *(Überschwemmung)*

19.2 Umwelt

l'**environnement** *(m.)* *(Umwelt)*
les problèmes de l'environnement *(die Umweltprobleme)*

protéger *(schützen)*
protéger l'environnement *(die Umwelt schützen)*

la **nature** *(Natur)*
protéger la nature *(die Natur schützen)*

la **protection** *(Schutz)*
la protection de la nature *(der Schutz der Natur)*

la **protection de l'environnement** *(Umweltschutz)*

détruire *(zerstören)*
détruire l'environnement *(die Umwelt zerstören)*
détruire la nature *(die Natur zerstören)*

l'**écologie** *(f.)* *(Ökologie, Umweltschutz)*

s'engager pour *(sich einsetzen für)*
s'engager pour l'écologie *(sich für den Umweltschutz einsetzen)*

écologique *(ökologisch, umweltfreundlich)*
les problèmes écologiques *(die ökologischen Probleme)*

une **catastrophe écologique** *(Umweltkatastrophe)*

l'**écosystème** *(m.)* *(Ökosystem)*
une catastrophe pour l'écosystème *(eine Katastrophe für das Ökosystem)*

---

polluer *(verschmutzen)*

l'**air** *(m.)* *(Luft)*
  polluer l'air *(die Luft verschmutzen)*
  polluer l'eau *(das Wasser verschmutzen)*

la **pollution** *(Verschmutzung, Umweltverschmutzung)*
  la pollution de l'eau *(die Wasserverschmutzung)*

contaminer *(verseuchen)*

le **sol** *(Boden, Erdboden)*
  contaminer les sols *(die Böden verseuchen)*

---

une **cause** *(Grund, Ursache)*
  une cause de *(ein Grund für)*
  la cause principale de la pollution *(der Hauptgrund für die Umweltverschmutzung)*

la **circulation** *(Verkehr)*

le **trafic routier** *(Straßenverkehr)*

les **émissions** *(f. pl.)* *(Ausstoß)*

les **émissions de CO2** *(der CO2-Ausstoß)*

réduire *(verringern)*
  réduire les émissions de CO2 *(den CO2-Ausstoß verringern)*

---

une **voiture électrique** *(Elektroauto)*
  produire des voitures électriques *(Elektroautos produzieren)*

une **batterie** *(Batterie)*
  le problème de batterie *(Batterieproblem)*

résoudre *(lösen)*
  résoudre le problème de batterie *(das Batterieproblem lösen)*

une **solution** *(Lösung)*
  trouver une solution à ce problème *(eine Lösung für dieses Problem finden)*

---

le **bruit** *(Lärm)*
  Le bruit rend malade. *(Der Lärm macht krank.)*
  protéger contre le bruit *(vor dem Lärm schützen)*
la **protection contre le bruit** *(Lärmschutz)*
un **mur anti-bruit** *(Lärmschutzwand)*

19.3 Energie

l'**énergie** *(f.)* *(Energie)*
  le problème d'énergie *(Energieproblem)*
consommer *(verbrauchen)*
  consommer moins d'énergie *(weniger Energie verbrauchen)*
la **consommation** *(Verbrauch)*
  la consommation d'énergie *(Energieverbrauch)*
économiser *(einsparen)*
  économiser de l'énergie *(Energie einsparen)*

―――――――――――――

nucléaire *(Kern…, Atom…)*
  une catastrophe nucléaire *(Atomkatastrophe)*
l'**énergie nucléaire** *(Kernkraft)*
une **centrale nucléaire** *(Kernkraftwerk)*
la **radioactivité** *(Radioaktivität)*
arrêter *(abschalten)*
  arrêter les centrales nucléaires *(die Kernkraftwerke abschalten)*

―――――――――――――

les **énergies renouvelables** *(die erneuerbaren Energien)*
l'**énergie solaire** *(Sonnenenergie)*
l'**électricité** *(f.)* *(Strom)*
  économiser de l'électricité *(Strom sparen)*

une **installation photovoltaïque** *(Photovoltaikanlage)*

les **panneaux photovoltaïques** *(m. pl.) (Sonnenkollektoren)*

une **éolienne** *(Windkraftanlage)*

l'**énergie éolienne** *(Windenergie)*

20 Zeitangaben und Strukturwörter

20.1 Zeitangaben

Wochentage

le **jour** *(Tag)*

chaque jour *(jeden Tag)*

la **journée** *(Tag) (Verlauf)*

toute la journée *(den ganzen Tag)*

---

lundi *(Montag)*

mardi *(Dienstag)*

mercredi *(Mittwoch)*

jeudi *(Donnerstag)*

vendredi *(Freitag)*

samedi *(Samstag)*

dimanche *(Sonntag)*

Il vient **samedi**. *(Er kommt am Samstag.)*

Il partira **samedi prochain**. *(Er fährt nächsten Samstag.)*

Il est arrivé **samedi dernier**. *(Er ist letzten Samstag angekommen.)*

C'est quel jour aujourd'hui? *(Welcher Tag ist heute?)*

C'est mercredi. *(Es ist Mittwoch.)*

---

aujourd'hui *(heute)*

aujourd'hui dans une semaine *(heute in einer Woche)*

demain *(morgen)*

hier *(gestern)*

_____

cette semaine *(diese Woche)*

la semaine prochaine *(nächste Woche)*
   la semaine dernière *(letzte/ vorige Woche)*

chaque semaine *(jede Woche)*
   toutes les semaines *(jede Woche)*

Uhrzeit

Quelle heure est-il? *(Wie viel Uhr ist es?)*

15 h 00 **Il est trois heures**. *(Es ist drei Uhr.)*

15 h 05 Il est **trois heures cinq**. *(... fünf nach drei.)*

15 h 15 Il est **trois heures et quart**. *(... viertel nach drei.)*

15 h 30 Il est **trois heures et demie**. *(... halb vier.)*

15 h 45 Il est **quatre heures moins le quart**. *(... viertel vor vier.)*

15 h 55 Il est **quatre heures moins cinq**. *(... fünf vor vier.)*

_____

12 h 15 Il est **midi et quart**. *(... viertel nach zwölf.)*

11 h 45 Il est **midi moins le quart**. *(... viertel vor zwölf.)*

_____

Tu pars **à quelle heure**? *(Um wie viel Uhr fährst du?)*

Tageszeit

le **matin** *(Morgen)*

l'**après-midi** *(m.)* *(Nachmittag)*

le **soir** *(Abend)*

du matin au soir *(von morgens bis abends)*

la **nuit** *(Nacht)*
   toute la nuit *(die ganze Nacht)*

_____

à midi *(mittags)*

à minuit *(um Mitternacht)*

_____

ce matin/ cet après-midi/ ce soir *(heute Morgen/ heute Nachmittag/ heute Abend)*

demain matin/ demain après-midi/ demain soir *(morgen früh/ morgen Nachmittag/ morgen Abend)*

le matin *(morgens)*
  Le matin, je suis toujours fatigué. *(Morgens bin ich immer müde.)*

l'après-midi *(nachmittags)*

le soir *(abends)*

Monate

le **mois** *(Monat)*
  au mois d'avril *(im April)*
  chaque mois *(jeden Monat)*
  tous les mois *(jeden Monat)*

_____

janvier *(Januar)*

en janvier/ au mois de janvier *(im Januar)*

février *(Februar)*

mars *(März)*

avril *(April)*

mai *(Mai)*

juin *(Juni)*

juillet *(Juli)*

août *(August)*

septembre *(September)*

octobre *(Oktober)*

novembre *(November)*

décembre *(Dezember)*

_____

début avril *(Anfang April)*

mi-octobre *(Mitte Oktober)*

fin décembre *(Ende Dezember)*

Datum

le 10 juillet *(am 10. Juli)*
　le samedi, 3 octobre *(am Samstag, den 3. Oktober)*

le premier mai *(am 1. Mai)*

Mon anniversaire, c'est le 11 septembre. *(Ich habe
am 11. September Geburtstag.)*

Je serai en vacances **du 22 juillet au 8 août**. *(Ich bin
vom 22. Juli - 8. August in Urlaub.)*

Je serai à Marseille **jusqu'au 30 mars**. *(Ich bin bis zum 30. März
in Marseille.)*

Jahreszeiten

la **saison** *(Jahreszeit)*
　Il fait trop chaud pour cette saison. *(Es ist zu warm für diese
Jahreszeit.)*

le **printemps** *(Frühling)*
　au printemps *(im Frühling)*

l'**été** *(m.)* *(Sommer)*
　en été *(im Sommer)*

l'**automne** *(m.)* *(Herbst)*
　en automne *(im Herbst)*

l'**hiver** *(m.)* *(Winter)*
　en hiver *(im Winter)*

_____

cet été *(diesen Sommer)*
 chaque été *(jeden Sommer)*

l'été dernier *(letzten Sommer)*
 l'été prochain *(nächsten Sommer)*

Jahr

un **an** *(Jahr)*
 Il reviendra dans un an. *(Er kommt in einem Jahr wieder zurück.)*
 Elle a sept ans. *(Sie ist sieben Jahre alt.)*
 tous les ans *(jedes Jahr)*

une **année** *(Jahr)*
 cette année *(dieses Jahr)*
 chaque année *(jedes Jahr)*
 pendant toute l'année *(das ganze Jahr über)*

l'année dernière *(letztes Jahr)*
 l'année prochaine *(nächstes Jahr)*

Weitere Zeitangaben

en ce moment *(im Moment, zur Zeit)*

actuellement *(zur Zeit, im Moment)*

maintenant *(jetzt)*

jusqu'à présent *(bis jetzt)*

jusqu'ici *(bis jetzt)*

_____

il y a deux jours *(vor zwei Tagen)*
 Je suis arrivé il y a deux jours. *(Ich bin vor zwei Tagen angekommen.)*

dans une semaine *(in einer Woche)*
 Je pars dans une semaine. *(Ich fahre in einer Woche.)*

depuis longtemps *(seit langem)*
 depuis quand? *(seit wann?)*

combien de temps? *(wie lange?)*

---

au début *(am Anfang)*
   au début de l'année *(am Anfang des Jahres)*
   au début des vacances *(am Anfang der Ferien)*

à la fin *(am Ende)*
   à la fin de l'année *(am Ende des Jahres)*
   à la fin des vacances *(am Ende der Ferien)*

---

tout le temps *(die ganze Zeit)*

la plupart du temps *(die meiste Zeit)*

de temps en temps *(von Zeit zu Zeit)*

---

pendant la journée *(tagsüber)*
   pendant la nuit *(nachts)*
   pendant les vacances *(in den Ferien)*

au cours de ... *(im Laufe von ...)*
   au cours des deux dernières années *(im Laufe der letzten zwei Jahre)*

---

tout de suite *(sofort)*

bientôt *(bald)*

à l'avenir *(in Zukunft)*

---

très tôt *(sehr früh)*
   une heure plus tôt *(eine Stunde früher)*

très tard *(sehr spät)*
   une heure plus tard *(eine Stunde später)*

---

une semaine avant *(eine Woche vorher)*
   une semaine après *(eine Woche danach)*

20.2 Präpositionen

à *(in, nach, zu, an)*
   à Paris *(in/ nach Paris)*
   aller à l'école *(zur Schule gehen)*
   à trois heures *(um drei Uhr)*

dans *(in) (darin)*
   dans la cuisine *(in der Küche)*
   Je pars dans une semaine. *(Ich fahre in einer Woche.)*

en *(in, nach)*
   en France *(in/ nach Frankreich)*
   en Bretagne *(in der/ in die Bretagne)*

_____

depuis *(seit)*
   depuis hier *(seit gestern)*

il y a *(vor) (zeitlich)*
   il y a deux jours *(vor zwei Tagen)*

pendant *(während)*
   pendant le travail *(während der Arbeit)*

jusqu'à *(bis)*
   jusqu'au soir *(bis zum Abend)*
   jusqu'à l'église *(bis zur Kirche)*

vers *(gegen, ungefähr um)*
   vers dix heures *(gegen zehn Uhr)*

_____

avant *(vor) (Zeitpunkt)*
   avant les vacances *(vor den Ferien)*

après *(nach)*
   après le travail *(nach der Arbeit)*

devant *(vor) (örtlich)*
   devant la maison *(vor dem Haus)*

derrière *(hinter)*
   derrière la maison *(hinter dem Haus)*

_____

sur *(auf)*
   sur la terrasse *(auf der Terrasse)*

sous *(unter)*
   sous la table *(unter dem Tisch)*

en face de *(gegenüber)*
   en face du musée *(gegenüber dem Museum)*

à côté de *(neben)*
   à côté du théâtre *(neben dem Theater)*

_____

au milieu de *(mitten in/ auf)*
   au milieu de la place *(mitten auf dem Platz)*

autour de *(um ... herum)*
   autour de la maison *(um das Haus herum)*

à travers *(quer durch)*
   voyager à travers la France *(quer durch Frankreich reisen)*

chez *(bei)*
   travailler chez Renault *(bei Renault arbeiten)*
   habiter chez ses parents *(bei seinen Eltern wohnen)*

_____

près de *(in der Nähe von)*
   près de la ville *(in der Nähe der Stadt)*

pas loin de *(nicht weit von ... entfernt)*
   pas loin de la mer *(nicht weit vom Meer)*

20.3 Konjunktionen

quand *(als, wenn)*
   Quand j'ai le temps, ... *(Wenn ich Zeit habe, ...)*
   Quand je suis rentré chez moi, ... *(Als ich nach Hause kam, ...)*

au moment où *(in dem Augenblick, als ...)*

pendant que *(während)*
   Je lis le journal pendant que je travaille. *(Ich lese die Zeitung, während ich arbeite.)*

depuis que *(seitdem)*

Depuis qu'il est malade, … *(Seitdem er krank ist, …)*

après que *(nachdem)*

Après que la pluie avait cessé, … *(Nachdem der Regen aufgehört hatte, …)*

avant que *(+ subj.)* *(bevor)*

Tu dois l'appeler avant qu'il soit trop tard. *(Du musst ihn/ sie anrufen, bevor es zu spät ist.)*

jusqu'à ce que *(+ subj.)* *(bis)*

Attends-moi jusqu'à ce que je revienne. *(Warte auf mich, bis ich zurückkomme.)*

dès que *(sobald)*

Dès que je serai de retour, … *(Sobald ich zurück bin, …)*

tant que *(solange)*

Tant que je serai en bonne santé, … *(Solange ich gesund bin, …)*

_____

parce que *(weil)*

Je ne peux pas faire ce travail parce qu'il pleut. *(Ich kann die Arbeit nicht machen, weil es regnet.)*

comme *(da, weil)*

Comme j'avais dépensé trop d'argent, … *(Weil ich zu viel Geld ausgegeben hatte, …)*

_____

pour que *(+ subj.)* *(damit)*

Je me suis dépêché pour qu'il puisse partir le plus tôt possible. *(Ich habe mich beeilt, damit er so früh wie möglich wegfahren kann.)*

quoique *(+ subj.)* *(obwohl, obgleich)*

Quoiqu'il soit malade, … *(Obwohl er krank ist, …)*

sans que *(+ subj.)* *(ohne dass)*

Elle est sortie sans que je l'aie vue. *(Sie ist hinausgegangen, ohne dass ich sie gesehen habe.)*

20.4 Adverbien

à peine *(kaum)*

absolument *(unbedingt)*

aussi *(auch)*

complètement *(völlig)*

d'abord *(zuerst, zunächst)*

d'accord *(einverstanden)*

déjà *(schon)*

encore *(noch, immer noch)*

enfin *(endlich, schließlich)*

en général *(im Allgemeinen, meistens)*

ensuite *(danach, anschließend)*

en vain *(umsonst, vergeblich)*

lentement *(langsam)*

longtemps *(lange)*

par exemple *(zum Beispiel)*

peut-être *(vielleicht)*

plutôt *(eher, lieber)*

presque *(fast, beinahe)*

quelquefois *(manchmal)*

sans doute *(wahrscheinlich)*

souvent *(oft)*

surtout *(besonders)*

toujours *(immer)*

tout à coup *(plötzlich*

vite *(schnell)*

volontiers *(gerne)*

---

beaucoup (de) *(viel)*
   beaucoup d'argent *(viel Geld)*

peu (de) *(wenig)*
  très peu de temps *(sehr wenig Zeit)*

trop (de) *(zu viel)*
  trop de travail *(zu viel Arbeit)*

plus (de) *(mehr)*
  boire plus d'eau *(mehr Wasser trinken)*

moins (de) *(weniger)*
  boire moins d'alcool *(weniger Alkohol trinken)*

20.5 Zahlen

Grundzahlen

0	zéro	21	vingt **et** un
1	un, une	22	vingt-deux
2	deux	23	vingt-trois
3	trois	30	trente
4	quatre	31	trente **et** un
5	cinq	40	quarante
6	six	41	quarante **et** un
7	sept	50	cinquante
8	huit	51	cinquante **et** un
9	neuf	60	soixante
10	dix	61	soixante **et** un
11	onze	70	soixante-**dix**
12	douze	71	soixante **et** onze
13	treize	72	soixante-douze
14	quatorze	73	soixante-treize
15	quinze	80	quatre-vingt**s**
16	seize	81	quatre-vingt-**un**
17	dix-sept	82	quatre-vingt-deux
18	dix-huit	90	quatre-vingt-dix
19	dix-neuf	91	quatre-vingt-onze
20	vingt	92	quatre-vingt-douze

100	cent
101	cent un
102	cent deux
150	cent cinquante
180	cent quatre-vingts
200	deux cents
201	deux cent un
1.000	mille
1.001	mille un
2.000	deux mille
1.000.000	un million
2.000.000	deux millions
1.000.000.000	un milliard
2.000.000.000	deux milliards

Ordnungszahlen

1er	le premier
1ère	la première
2^e	le, la deuxième
3^e	le, la troisième
4^e	le, la quatrième
5^e	le, la cinquième
6^e	le, la sixième
7^e	le, la septième
8^e	le, la huitième
9^e	le, la neuvième
10^e	le , la dixième
11^e	le, la onzième
12^e	le, la douzième
20^e	le, la vingtième
21^e	le, la vingt et unième
22^e	le, la vingt-deuxième
100^e	le, la centième
1.000^e	le, la millième

Register